비욘드 핸디캡

BOOK
JOURNALISM

비욘드 핸디캡

발행일 ; 제1판 제1쇄 2022년 4월 5일
지은이 ; 김종욱, 김완혁, 이찬호, 김종민, 서영채, 고연수, 고아라
발행인·편집인 ; 이연대 CCO ; 신기주 에디터 ; 이다혜
디자인 ; 권순문 지원 ; 유지혜 고문 ; 손현우
펴낸곳 ; ㈜스리체어스 _ 서울시 중구 한강대로 416 13층
전화 ; 02 396 6266 팩스 ; 070 8627 6266
이메일 ; hello@bookjournalism.com
홈페이지 ; www.bookjournalism.com
출판등록 ; 2014년 6월 25일 제300 2014 81호
ISBN ; 979 11 91652 54 3 03300

BOOK
JOURNALISM

비욘드 핸디캡

김종욱 · 김완혁 · 이찬호 · 김종민 · 서영채 · 고연수 · 고아라

; 결국 이 책은 우리 모두의 이야기다. 누구나 삶의 어느 지점에서 장애를 겪는다. 수술 후 일시적으로 거동이 불편해질 수 있고, 사고를 당할 수도 있다. 사고 없는 삶을 살아도 마찬가지다. 시력과 청력이 감퇴하는 노화의 과정은 장애와 같은 선상에 있다. 당장 내 이야기는 아닐지라도 내가 사랑하는 사람이 겪었을 이야기이며, 언젠가 내게도 닥칠 이야기다.

차례

09   프롤로그 ; 누구나 한 번쯤 마주할 미래

17   1_김종욱 ; 피할 수 없다면 제대로 즐겨라
        간단한 미래
        휠체어로 하는 워킹 연습
        저러다 말겠지
        롤 모델이 없을 때

33   2_김완혁 ; 방송에서 편집된 말들
        기회의 땅 서울로
        단숨에 대단한 사람이 되다
        정부 지원 사업은 어려워

지하철만 타면 신경전
춤이 정말 좋아서 하는 걸까
모든 동정이 나쁜 건 아니다

59　　**3 _ 이찬호 ; 잃은 것보다 얻은 것에 집중할 때**
감각의 절반이 사라지다
피사체의 자격
3대 400에서 4킬로그램으로
장애인과 눈이 마주친다면

75　　**4 _ 김종민 ; 현실을 영화처럼 만드는 방법**
두 시간의 마법이 펼쳐진 뒤
충무로에 발을 들이다
장애인 사위는 결사 반대일세
나의 첫 VIP 시사회

97　　**5 _ 서영채 ; 지금 멋있는 엄마가 돼야 하는 이유**
불공평 박람회
표정을 읽는 마음의 기술
8년의 유랑, 다시 모델로
예의 바른 만큼 차갑다

115　　**6 _ 고연수 ; 언제 누구에게 찾아올지 모르는**
모든 일상이 관계로 이루어지다
괜찮다 싶으면 터지는 문제들
날갯짓이 몰고 온 토네이도
삶의 전환점일 필요는 없다

131　　**7 _ 고아라 ; 내게 정착한 세 가지 모국어**

몸집이 큰 언어
눈으로 듣고 마음으로 읽다
오프로드, 몽골로
랑그와 파롤의 새로운 규칙

145   주

149   북저널리즘 인사이드 ; 길은 걸을수록 넓어진다

누구나 한 번쯤
마주할 미래

우린 대체로 타인에게 관심이 없다. 본인 하나 건사하기도 빠듯한 세상이다. 스스로 장애가 있거나 가까운 지인이 장애인이지 않고서는 장애에 관심을 가지기 쉽지 않다. 나 역시 마찬가지였다. 학창 시절에 선배들이 동아리에서 수어를 연습하던 모습이 멋져 보이던 기억이 있다. 그러나 그뿐이었다. 학교에 청각 장애인이 없었기 때문에 그 멋진 수어는 학예회 공연에서만 볼 수 있었다. 우리에게 수어는 손가락을 세밀하고 빠르게 움직이는 춤이나 제2 외국어에 불과했다. 이후로도 오랫동안 아나운서로 방송계에서 활동하며 사회 각층의 삶을 만나 왔지만, 장애인의 삶은 여전히 생소했다.

그러다 2018년도 88 서울 패럴림픽 30주년 기념식에서 사회를 맡게 됐다. 이천 장애인체육훈련원에는 100명이 넘는 인파가 모였다. 그때 처음으로 다양한 유형의 장애를 가진 사람들을 만났다. 아니, 목격했다. 이렇게 많은 장애인이 시야에 들어온 것이 처음이었다. 한평생 우연히 마주친 장애인을 다 합쳐도 이보다는 적을 것 같았다. 그날 패럴림픽과 장애인의 삶에 대해 선수들과 함께 세 시간 넘게 이야기를 나눴다. 전국에 무려 250만 명의 장애인이 있다는 것도 처음 알았다. 이날을 계기로 장애가 보이고, 장애가 들렸다.

과거 88 서울 패럴림픽을 유치했을 때 많은 시위가 열렸다. "전 세계 장애인을 서울 시내에 다 모아 둘 참이냐", "안

그래도 먹고살기 힘든데 장애인들 운동까지 시켜 줘야 하냐". 지금은 절대 입에 담을 수 없을 얘기들이 나왔다. 부끄러움을 모르는 시대였다. 그래도 패럴림픽을 강행했던 관계자들은 버티길 잘했다고 회고했다. 그 덕분에 우리나라 장애인 복지 수준이 100년은 앞당겨졌다며 말이다. 우리는 인생 선배들 덕분에 100년이나 선진한 복지 사회를 살고 있다는 생각에 나 또한 자긍심이 차올랐다.

며칠 뒤 강남역에 갔을 때였다. 마침 크리스마스 시즌이라 사람이 북적였다. 강남 한복판이 내려다보이는 카페에 들어가 창가에 자리를 잡았다. 오래간만에 넋 놓고 사람 구경을 했다. 멋지게 차려입고 놀러가는 학생들, 손잡고 거리를 활보하는 연인들, 바쁜 걸음으로 지나가는 직장인들이 보였다. 한 시간 동안 수천 명은 족히 지나갔을 것이다. 그리고 문득 깨달은 사실 하나, 장애인은 한 명도 없었다. 이렇게 많은 사람이 지나갔는데도 말이다. 우리나라에서 등록 장애인은 전체 인구의 5퍼센트, 비등록 장애인까지 따지면 10퍼센트를 차지한다고 한다. 그 많은 장애인은 어디에 있는 것일까? 거리에 보이는 장애인의 비율로 그 나라의 복지 수준을 가늠할 수 있다는 말이 떠올랐다. 서울 패럴림픽 덕분에 장애인 복지를 한 세기 앞당겼다 하는데도 상황은 이러했다.

선진국과 비교할 때 우리의 장애인 복지 수준은 더욱

선명해진다. 호주나 영국은 자국민의 20퍼센트가 장애인이다. 또 국제패럴림픽위원회와 UN 산하 기구들은 전 세계 인구의 15퍼센트를 장애인으로 보고 있다. 우리나라는 5퍼센트다. 우리나라만 장애인이 적게 존재할 리 없는데 말이다. 장애인의 비율은 잘사는 국가일수록 높다. 정부가 더 폭넓게 장애를 정의하고 그에 따른 지원을 제공하며, 시민들은 장애인 등록을 하는 것에 거부감을 느끼지 않기 때문이다.

대중문화는 현실의 반사경이다. 예능 프로그램을 비롯해 국내 TV 방송에서도 장애인은 거의 등장하지 않는다. 영화 속 간혹 나오는 장애인 주인공도 비장애인 배우가 맡는다. 영화 〈말아톤〉의 초원이는 조승우가, 〈나의 특별한 형제〉의 세하는 신하균이 연기했으며 실제 장애인의 삶은 이들 영화 속 톱스타의 캐릭터와 연기력에 묻힌다. 반면 해외에서 장애인 배우는 약방에 감초다. 〈왕좌의 게임〉에 나오는 왜소증의 사나이 피터 딘클리지Peter Dinklage는 귀족 가문의 영민한 캐릭터로 많은 대중의 사랑을 받았다. 마블의 〈이터널스〉에서 청각 장애 히어로 마카리Makkari 역을 맡은 로렌 리들로프Lauren Ridloff는 다른 히어로들과 누구보다 자연스럽게 수어로 소통한다. 다운 증후군 모델 매들린 스튜어트Madeline Stuart를 비롯해 이미 많은 장애인 모델이 패션계에서 블루칩으로 주목받는다. 영국의 장애인 모델 에이전시 제베디 매니지먼트Zebedee Management

에선 이미 500명이 넘는 아티스트가 자신의 장애를 매력으로 부각해 활동 중이다.

이즈음 파라 아이스하키 메달리스트 겸 현 국가대표 한민수 감독에게서 연락이 왔다. 장애인 전문 엔터테인먼트를 함께 만들자는 제안이었다. 장애인의 삶에 큰 관심이 있던 것도, 사명감이 있던 것도 아니었지만 엔터테인먼트는 방송 생활을 오래 한 나로서는 잘 아는 분야였다. 장애인분들과 밀접한 일을 해오지 않은 만큼 편견도 없는 것이 내 장점이었다. 그렇게 한민수 감독과 나는 파라스타엔터테인먼트라는 장애 전문 엔터테인먼트를 공동 설립했다.

지금까지 패럴림피언, 댄서, 모델 등 다양한 직업군에 종사하는 20여 명의 장애인 아티스트가 모였다. 사회 곳곳의 보이지 않는 곳에서 활동하던 아티스트들이 한데 모이니 힘도 빠르게 응집된다. 패션 및 라이프 스타일 브랜드, 기업 홍보 촬영 등 감사한 제안들이 점점 많이 들어오고 있다.

누군가는 '장애는 나와 무관한 이야기야'라고 생각할 수 있다. 어차피 내가 아니니까 말이다. 그러나 반드시 닥칠 미래라면 다르다. 실제로 우리 모두는 죽음에 이르기 전 삶의 어느 지점에서 장애를 겪게 된다. 아픈 곳을 수술 후 일시적으로 거동이 불편해질 수 있고, 불의의 사고를 당할 수도 있다. 사고 없는 삶을 살았다 해도 마찬가지다. 다리에 힘이 약해져 휠체어를 타게 되면 그때 가서 다들 깜짝 놀란다. 몇십 년을 산 동네인데, 곳곳에 방지턱이 이렇게 높았냐고 말이다. 시력과 청력이 감퇴하는 등 누구에게나 예정된 노화의 과정은 장애와 같은 선상에 있으며, 결국 우리 모두 생에 한 번은 장애를 안고 살다 죽음을 맞이한다.

또 장애인들이 호소하는 가장 깊은 상처는 우리에게도 낯설지 않다. 신체적 불편보다 고통스러운 것이 사회의 시선이다. 집요한 차별의 시선은 아주 강인한 사람조차도 순식간에 무너뜨린다. 비슷한 경험은 누구나 있을 것이다. 이력서 한 줄짜리 학벌 때문에 능력에 걸맞은 일자리를 포기하기도 하고, 외모 평가로 인해 내면의 미를 발산할 기회를 잃기도 한다. 학창 시절 작은 키로 놀림받은 사람은 키 180센티미터의 장신으로 성장한 뒤에도 자신의 키를 의식한다. 타인이 한 번 배척한 나를 다독이고 다시 끌어안는 작업은 상상 이상으로 고되고 힘이 든다.

결국 이 책은 우리 모두의 이야기다. 있는 그대로의 모습으로 인정받고 싶은 많은 사람의 염원이 꾹꾹 담겨 있다. 당장 내 이야기는 아닐지라도 내가 사랑하는 사람이 겪었을 이야기이며, 언젠가 내게도 닥칠 수 있는 이야기다. 일곱 명의 각인각색이 어떻게 자신만의 방식으로 빛과 색깔을 만들어가는지를 담았다. 고단한 동시에 역동적으로 읽히기를 기원

한다. 그리고 독자들이 가진 선한 영향력이 모여 '장애인'이란 단어가 사회에서 사라질 날을 꿈꾼다. 크고 작은 아픔을 갖고 살아가는 세상 모든 사람들이, 각자의 병명이 아닌 이름으로 불리는 것처럼.

파라스타엔터테인먼트 차해리 대표

김종욱은 모델이다. 선천적 뇌병변 장애로 어릴 적부터 휠체어를 타고 이동했다. 대학 사회복지과에 입학 후, 이동을 도와주는 친구들에게 미안해 다이어트를 시작한 것이 모델의 계기가 되었다. 2017 DDP 패션 위크에서 국내 최초 휠체어 모델의 꿈을 키워 MBC 〈우리동네 피터팬〉, EBS 〈별일 없이 산다〉 등에 출연하며 이름을 알렸다. 배리어 프리 의류 '하티스트' 앰배서더 2기로 활동했으며 2021 우리금융그룹 CF, 서울관광공사 홍보 영상 등에 출연한 바 있다. 김종욱은 어릴 적부터 장애인의 직업이 한정적인 것에 의문을 품었다. "저러다 말겠지"라는 주변 시선에 열정과 오기가 단단해졌다. 대단한 롤 모델이 되고 싶은 것보단 함께 장애인 모델 분야에 도전하는 선후배가 많아지길 바란다. 유튜브 채널 '찾았다, 김종욱'을 운영 중이다.

1 김종욱 ; 피할 수 없다면
제대로 즐겨라

간단한 미래

나는 상상을 많이 하는 편이다. 따뜻한 물에 샤워를 하거나, 잠자리에 들 때면 특히 더 그렇다. 이를테면 비장애인과 장애인의 비율이 뒤집힌다면 어떤 상황이 일어날까? 비장애인이 우월한 소수로 자리 잡는 세상이 될까? 아니면 장애인이 비장애인이 되고, 비장애인이 장애인이 될까?

상상과는 별개로 내가 봐온 장애인의 직업은 늘 정해져 있었다. 다리가 불편한 장애인들은 휠체어를 타고 단순 노동을 많이 한다. 주로 공공 기관에서 사무직으로 일하거나 공장에서 물건을 만드는 일이다. 시각 장애인 중에는 안마사들이 많다. 어릴 때부터 인터넷에 '시각 장애인'을 검색하면 안마사라는 단어부터 먼저 나왔다. 괜찮은 기술을 배워도 넓은 사회로 나가기엔 장벽이 있다. 장애인은 한국장애인개발원의 지원으로 자기가 일하고 싶은 분야의 자격증을 취득할 수 있다. 대표적으로 바리스타 자격증이 있다. 나중에 찾아보니 국가에서 지정한 '발달 장애인을 위한 쉬운 바리스타 업무 매뉴얼' 같은 것도 따로 있었다. 하지만 스타벅스나 동네 예쁜 카페에서 일하는 걸 본 적이 있는가? 아마 없을 거다. 바리스타가 된 발달 장애인은 복지관 1층 커피숍에서 일하기 때문이다.

대학에 갈 때 사회복지과를 선택했다. 복지에 관심이 많았다기보단 어릴 때부터 집 근처 복지관에서 휠체어를 탄

복지사 선생님을 보며 자랐다. 고등학생 시절 학교에서 직업 적성 검사를 했을 때도 추천 직업 목록 중 사회복지사가 있었다. 잘 알려진 장애인의 직업들 중에선 사회복지사가 나랑 제일 잘 맞는 것 같았다. 우리나라는 복지 프로그램도 부족하고 그에 대한 홍보는 더 부족하다. 나는 나라가 지원해 주는 프로그램들을 모른 채 넘어가는 경우가 많았다. 가끔 보장구 수리나 학습용 전자기기 지원 등 유용한 지원책들을 주변에서 듣고 나도 신청해야겠다, 하고 찾아보면 이미 신청 기간이 지나 있을 때가 다반사였다. 나만 그런 게 아니다. 어머니 주변 장애인 부모님들의 이야기를 들어 보면 많은 사람들이 장애인 지원 프로그램이나 정책들을 모르고 지나친다. 내가 모르고 지나친 그 정보들을, 다른 사람들은 알고 또 유용하게 쓰면 얼마나 좋을까. 집 근처 대학 사회복지과에 지원한 나는, 면접 100퍼센트 전형으로 합격했다.

동기들이 본 내 첫인상은 '신기함'이라고 한다. 중고등학교 때 접했던 장애인 학생들과 달리 신입생 환영회나 MT 등 모든 행사에 당연히 참여하는 모습이 새로웠다고. 대학 생활은 나와 너무 잘 맞았다. 선배라는 호칭 없이 위계질서 없는 문화가 좋았고, 우리 과 연극 학술제에서 휠체어를 타고 연기도 했다. 당연한 것이라 여겼는데 지금 생각해 보면 그때 행사에 참여할 수 있었던 건 친구들 덕인 것 같다. 동기들은 대부분 가족의 영향, 학생 때 봉사 활동을 했던 기억이 있어서 사회복지과를 선택했다고 한다. 친구들과 친해질 수 있었던 이유는 그 녀석들이 선입견이 없거나 있더라도 겉으로 드러내지 않았던 덕분이 아닐까 생각한다.

대학 생활은 재밌었지만 학과 수업을 떠올려 보면 사회복지학은 정말 내가 좋아서 하는 공부는 아니었던 것 같다. 당장의 시험을 위해서 공부하긴 했지만 그러고 나면 끝이었다. 그렇다고 다른 꿈이 있는 것도 아니었다. 그저 흐르는 대로 하루하루 살았다. 모델 일을 하지 않았더라면, 그대로 공공 기관 사회복지과의 공무원으로 취직했을 것 같다.

휠체어로 하는 워킹 연습

나는 앉아 있는 시간이 많다. 그래서 다른 사람들보다 움직임이 적어 살이 빠르게 붙는다. 스물한 살 때가 그랬다. 원래도 살집이 있는 상태였지만 성인이 되어 술자리도 늘고 배달 음식도 많이 먹으며 자연스레 몸무게가 불었다. 내가 살을 빼기 시작한 건 친구들에게 미안해서였다. 계단뿐인 술집을 출입할 때나 시설이 잘 안 갖춰진 곳으로 MT를 갈 땐 주로 친구 등에 업혀서 이동했는데, 나를 도와주던 친구들이 전보다 힘들어하는 느낌을 받았기 때문이다. 다이어트를 시작한 건 대학 2학년 여름 방학이었다. 요령을 모르니 다이어트 방법으로

극단적 단식을 택했다. 하루 세 번 먹던 밥은 하루 한 번, 반의 반 공기로 먹었고 끼니를 거를 때도 많았다.

주식이 아메리카노인데 살이 안 빠질 리 없다. 정확히 몇 킬로그램이 빠졌는지는 모른다. 몸무게를 재려면 누군가 나를 업고 함께 체중계에 올라가거나, 휠체어가 올라갈 수 있는 병원을 따로 찾아가야 하는데 매번 그러기 쉽지 않기 때문이다. 하지만 육안으로만 봐도 볼이 엄청 홀쭉해졌다. 배달 음식에 쓰던 돈을 절약하니 30만 원이라는 목돈이 생겼다. 누군가에겐 적은 돈일 수 있지만 학생인 내겐 엄청난 돈이었다. 이 돈으로 뭘 할까 생각하다 주위에 옷을 좋아하는 친구들이 인터넷 쇼핑하는 걸 구경했다. 나도 직접 옷가게로 쇼핑을 다니긴 어려우니, 호기심으로 온라인 쇼핑 플랫폼에서 이 옷 저 옷을 사봤다. 이전까진 편한 옷, 펑퍼짐한 옷을 고집하던 내가 다이어트를 해서 딱 맞는 옷을 입으니 훨씬 옷 태가 살았다. 식비는 고스란히 쇼핑비로 새롭게 태어났다. 그러다 어느 날 친한 동생이 함께 가자며 패션쇼 티켓을 구해 왔다. 동대문 디자인 플라자DDP에서 열리는 서울 패션 위크였다.

옷을 잘 입건 못 입건 나는 살면서 눈에 안 띈 적이 없다. 휠체어를 타고 다니기 때문이다. 그래서 그때나 지금이나, 나는 이왕 튈 거 멋있게 튀고 싶다. 그날 나는 패션 위크인 만큼 내가 꾸밀 수 있는 최대한으로 꾸미고 현장으로 향했다. 장르는 스트릿 패션이었다. 검은 바지, 목에 끈 장식이 달린 검은 티셔츠와 검은 벙거지 모자. 지금은 일상이 되었지만 그때 나에겐 패션 아이템이었던 마스크도 착용했다. DDP 도착 후 쇼가 열리는 시간까지 건물 밖에서 기다릴 때였다. 다른 모델들은 서서 포즈를 취하는데 휠체어에 앉아 있는 사람은 나뿐이었다. 그 유니크함 때문이었을까, 그날 나를 촬영한 포토그래퍼가 열댓 명 이상은 될 것이다. 연이은 카메라 셔터음이 부담보단 즐거움으로 다가왔다.

1년 뒤 두 번째로 서울 패션 위크로 향했다. 이번엔 나 말고도 휠체어를 탄 사람이 한 명 더 있었다. 사교성이 무척 좋은 미국인 패션 크리에이터였다. 이야기를 주고받다 그가 내게 제안을 하나 했다. 런웨이 모델에 도전해 보지 않겠냐고. 수동 휠체어로는 모델들의 속도를 맞추기 힘들 수 있는데 나는 전동 휠체어를 쓰고 있기 때문에 오히려 비장애인 모델들보다 빠를 것이라며 잘할 수 있으리라고 말했다. 그의 한 마디가 내 꿈의 씨앗이 되어 한 가지 궁금증을 가져왔다. 많은 쇼를 본 건 아니지만, 한국에서 휠체어를 탄 모델이 런웨이를 거닐었다는 뉴스는 보지 못 했고 그런 모델을 목격한 적도 없었다. 내가 그 첫 번째 사례가 되면 어떤 파장이 생길까? 이 궁금증은 꿈의 씨앗에 물과 태양이 되어 싹을 틔웠다.

여기저기 수소문했다. 모델과 포토그래퍼가 상호 무보

수로 포트폴리오 작업을 많이 한다는 것도 그때 알게 됐다. 첫 스냅 작업은 사진학과를 지망하는 한 고등학생 포토그래퍼와 함께였다. 인사동 거리에서 촬영한 스트릿 패션 후드티의 협찬 스냅이었다. 휠체어로 이동하는 내게 다행스럽게도 날씨가 화창했다. 작업했던 친구들과도 금방 친해졌고 화기애애하던 첫 작업은 행복한 기억으로 남았다. 포토그래퍼 친구가 보내 준 사진들을 내 SNS에 올리자 첫 작업인데도 반응이 성공적이었다. 무엇보다 협찬해 주신 패션 브랜드 대표님이 사진을 너무 만족스러워하셨다. 그 뒤로 문래동 공장터에서 찍은 스냅, 테이크아웃 커피를 들고 작업한 의정부 거리 스냅, 인천의 앤티크한 카페에서 진행한 스냅 등 바쁘게 촬영을 다녔다. 휠체어 때문에 스튜디오 접근성이 떨어지기 때문에 주로 야외 촬영이었다. 작업 사진이 한 장 두 장 쌓이며 내 SNS는 '장애인 모델'의 포트폴리오가 됐다.

유명세를 타기 시작하자 작업 제안이 물밀듯이 몰려왔다. 홍대 버스킹 존에서 모델 지망생들과 간이 패션쇼 무대를 꾸미기도 했다. 의상, 음악, 무대 동선까지 모두 함께 머리를 맞대고 꾸린 무대였다. 그때 당시 모델들이 전부 시간을 맞춰 연습하는 것도 쉽지 않은 일이었고 연습 공간도 상당히 열악했다. 한두 번 모이는 것을 제외하고는 각자 연습해 올 수밖에 없었다. 나에게 그 연습 장소가 되었던 곳은 지하철 승강장이다. 환승 경로나 지하철을 기다리는 곳은 기다란 런웨이 무대의 형태와 흡사했다. 귀에 이어폰을 꽂고 패션쇼에 쓰일 음악을 들으며 그 공간을 몇 번이고 왔다 갔다 이동했다. MBC〈우리동네 피터팬〉에서 섭외 문의도 들어와 모델 오디션에 도전하는 내 모습을 6주간 촬영했다. 비록 오디션에 합격하진 못했지만 에이전시 측의 도움으로 난생 첫 모델 프로필 사진을 찍을 수 있었다.

배우 제의도 왔다. 장애를 다룬 옴니버스 영화〈모두의 영화〉중 한 에피소드 '씨네필Cinephile'의 주연이었다. 처음 받아 본 촬영 스케줄과 대본, 실시간으로 확인 가능한 모니터, 컷 편집을 잡아 주는 슬레이트 등 모든 것이 신기했다. 농아인과 지체 장애인인 영화광 두 명이 영화관 장애인석을 두고 실랑이를 벌이는 이야기였다. 현실에선 겪어 본 적 없으나 충분히 있을 법한 시나리오였고, 배우라는 타이틀도 매력적으로 다가왔다. 첫 연기 도전이라 어색한 감이 많았지만 즐겁게 촬영을 마무리할 수 있도록 도와준 스태프분들에게 감사했다.

최근 작업한 서울관광재단 유튜브 광고는 휠체어 접근성이 좋은 배리어 프리 서울 여행이 콘셉트였다. 예를 들어 내가 처음 꿈을 키운 DDP는 휠체어가 다니기 좋은 구조로 지어졌다. 계단 옆에 휠체어나 유모차가 이동할 수 있는 경사로가 항상 함께 있으며 장애인 화장실도 어느 건물에나 마련되어 있다. 모든 촬영 현장에 어머니께서 동행하셨다. 집과는 다른 환경이니 옷을 갈아입어야 할 때 도움을 주시기 위해 스태프로 오신 것이었지만 촬영을 계기로 어머니와 좋은 추억을 쌓을 수 있어 너무 감사한 시간이었다. 촬영 대기 시간에 주변을 산책하거나 한식당에서 외식을 하는 등의 시간이었다. 소소한 부분일 수 있겠지만 나에겐 소소하지 않았다. 나는 경제적인 이유나 시간 여유 등의 핑계로 여행을 다닌 적이 별로 없다. 그런데 혼자서는 갈 엄두를 내지 못했던 곳들을 가볼 수 있는 것, 게다가 그 시간을 어머니와 함께 보낼 수 있다는 건 더욱 특별할 수밖에 없었다.

사람들이 생각하는 나의 매력은 무엇일까? 장애에 대해서 상실감이나 부끄러움이 없는 점, 장애를 잊고 생활하는 평소 삶의 태도가 당당하고 밝은 에너지로 표출되는 점 같다. 희소성도 한몫한다는 점을 솔직하게 인정한다. 처음 모델의 꿈을 꿀 당시 DDP에서 마주한 건 호기심으로 가득해 보이던 사람들의 시선이었다. 그걸 자극한 모델 김종욱은 다른 모델과는 아예 다른 의상, 아예 다른 콘셉트를 시도해 볼 수 있기 때문에 여기까지 온 게 아닌가 싶다. 처음 모델의 꿈을 꿨을 때 20대가 가기 전에 내가 해보고 싶은 걸 다 해보자는 생각이었다. 앞길이 보이지 않는 컴컴한 길이었지만 뒷일은 미래의 나에게 맡기고 무작정 여정을 시작했다. 내가 완벽히 자리를 잡았다고는 할 수 없지만 패션 업계에 장애인 모델로 도전하는 사람이 있다는 걸 조금이나마 알린 것만으로도 이 도박 아닌 도박은 내게 성공적이었다.

저러다 말겠지

누군가의 눈에는 내가 별 탈 없이 좋은 반응과 성과만 얻은 사람으로 비칠지 모른다. 하지만 내가 다른 장애인들보다 더 많이 사회에 나오고 더 도전해 볼 수 있던 것은 장애를 극복해서가 아니라 내가 장애에 익숙해졌기 때문이다. 나는 거의 태어날 때부터 장애가 있었다. 팔이 굳었고 허리와 복부, 다리에 힘이 들어가지 않았다. 어릴 때 늘 병원에 있었고 내 주변 또래 아이들도 나와 비슷한 상황이었다. 그래서 어릴 땐 내 몸 상태가 당연하다고 느꼈던 것 같다. 불편한 줄 몰랐고 어른이 되면 나도 당연히 걷겠거니 했다.

　내 무지 덕분에 장애로 인한 상실감은 없었다. 부모님 또한 내가 장애를 핑계로 갇혀 살지 않도록 성장 환경을 비장애인 친구들과 동일한 수준으로 제공해 주시려 애쓰셨다. 내 상실감 없던 유년 시절과 부모님의 육아 방식이 지금의 나를 만들었다. 학교에 입학하고 나는 점차 아이들과 내가 다르다는 걸 깨달았다. 그 무렵 사춘기가 겹쳐 힘든 시기를 보냈지만 좋아하는 음악을 듣는다든지 다른 취미 활동으로 위로받으며 잘 넘어왔다. 그래서 성인이 된 이후도 내게 장애가 있다는 사실을 망각한 채 살아왔다. 대학 생활과 사회생활, 모델 활동을 하면서 굳이 자각할 필요는 없었다. 나는 장애인이기 전에 김종욱이었다.

그런데 계단만 있거나 휠체어 한 대가 채 못 들어가는 엘리베이터가 있는 건물을 만날 때, 망각이 자각으로 바뀌곤 했다. 그 장소들은 주로 대학생일 때는 밥집, 술집이었고 모델인 지금은 스튜디오다. 한창 모델에 대한 꿈을 키울 당시 내 촬영 장소는 주로 야외였다. 서울 주변 스튜디오들은 대부분 엘리베이터 없는 지하 건물에 있거나, 엘리베이터가 있어도 너무 작아 못 타는 수준이었기 때문이었다. 촬영이 끝난 뒤 식사라도 하려 주위를 둘러보면 죄다 계단을 올라야 하는 음식점만 즐비했다. 카페는 못 들어가도 괜찮다. 테이크아웃해서 마시면 그만이다. 하지만 테이블과 수저가 필요한 식당의 경우는 다르다. 먹고 싶은 메뉴를 먹지 못하고 집으로 돌아올 때면 나는 현실 자각을 하게 됐다.

현실 자각 타임, 소위 현타가 찾아올 때마다 내 감정이 하루를 지배했다. 어딘가를 나설 때 너무도 당연히 휠체어에 올라타는, 문턱이 있는 맛집을 지나치는, 엘리베이터가 고장 난 지하철을 피해 한 정거장 후에 내리는 내겐 너무도 당연했던 행동들이 제3자의 시선으로 보일 때가 있다. 그 당연함이

때론 날 좌절시키기도 한다. 그러면서도 꿈을 포기해야겠다는 생각은 하지 않았던 것 같다. 내 상태가 내 꿈에 브레이크를 거는 건 너무도 싫었다.

꿈을 포기하기는 싫으면서 모순적으로 꿈이 두려웠다. 내겐 너무도 높았으니까. 모델이라는 직업은 큰 키에 작은 얼굴, 좋은 비율의 신체를 가진 사람들의 직종이었기에 내가 이 업계에 욕심을 낸다는 것 자체가 종사자들에게 죄송했었다. 감히 나 따위가 꿈이라고 부르며 어디 가서 날 모델이라고 소개해도 되는 건가 싶었다. 주로 현타라는 동굴에 들어갈 때마다 들었던 생각이었다.

주변에서 대놓고 내 꿈을 만류하는 사람은 없었으나, '저러다 말겠지' 하는 반응들은 더러 있었다. 아마 위에 말했던 내겐 너무도 당연한 장애물들을 근거로 한 반응이리라 생각한다. 가족들은 모델이라는 직업이 월급처럼 정해진 수입이 매달 들어오는 구조가 아닌 불안정한 수입 구조라는 점을 걱정했다. 사회복지과 전공을 살려, 공무원 등 안정적인 직업을 준비하길 원하셨다. 그러면서도 한편으론 나를 적극적으로 지지해 주었다. 가족들의 응원과 주변의 우려 섞인 반응이 얽혀, 나는 용기와 오기로 똘똘 뭉쳤다. 실패할 확률이 더 큰 싸움이겠지만 가는 데까진 가보겠다 마음먹었다.

롤 모델이 없을 때

많은 20대가 좋아하는 일과 잘하는 일 사이를 고민한다. 둘 중에 고민한다는 것은 두 가지가 무엇인지 이미 본인이 알고 있는 것이라고 생각한다. 그런 사람들에겐 내가 이미 잘하는 일은 확실하니까, 좋아하는 일을 잘할 수 있는지 조금 더 파보라고 말하고 싶다. 사실 지금의 모델 김종욱이 되기 전 내가 이 고민을 하던 시절을 떠올려 보면, 나는 좋아하는 일과 할 수 있는 일 사이에서 고민했던 것 같다. 좋아한다고 생각하는 일은 아예 시도할 수 없는 경우가 많았고, 할 수 있는 일은 너무 한정적이었다.

요즘의 나는 카메라 앞에 서는 그 자체를 좋아하는 것 같다. 그렇기에 모델도, 배우도, 방송인도 매력적인 직업이지만 현재는 모델이라는 일에 좀 더 집중하고 싶다. 카메라 앞에 처음 서게 된 계기이기도 하고, 옷과 사진이라는 매체가 주는 매력이 나에겐 더 크게 다가온다. 아직은 나를 알려야 하는 단계라고 생각하기 때문에 스케줄이 허락하는 한 모든 작업을 하는 편이다. 단, 단지 장애인이 필요해서 섭외하는 작업들은 거절하고 있다. 장애인이 필요한 작업은 내가 아니더라도 다른 장애인들 혹은 비장애인이 휠체어를 타고 연기해도 그만이라고 생각한다. 장애인이 필요한 작업이 아닌 김종욱이 필요한 작업들을 하고 싶다.

최근엔 '장애인 모델 김종욱'이 아닌 '모델 김종욱'을 주제로 한 사진 작업을 시작했다. 나는 늘 '휠체어 장애인 모델'이라는 타이틀로 활동을 해왔는데, 그러다 보니 내 모든 작업 사진들엔 꼭 휠체어가 있다. 실제로 일상의 많은 시간을 휠체어에 앉아 보내는 것은 맞지만 그것 하나만으로 내 정체성이 결정되진 않는다. 그래서 이번엔 '휠체어 장애인 모델이 휠체어를 벗어난다면'이라는 가제로 사진들을 찍고 있다. 나의 신체나 장애 증상에 대해 포토그래퍼와 이야기를 나누며, 휠체어라는 틀이 아닌 자유로운 환경에서 포즈를 연구해 나가는 작업이다. 작가와의 대화를 영상으로 담고, 대화 도중 시도한 포즈들을 사진으로 남기고 있다. 단순히 사진이 아닌 하나의 목소리로 받아들여졌으면 좋겠다.

인터뷰를 하다 보면 종종 듣는 질문 중 하나가 바로 '롤 모델'이다. 내겐 참 어려운 질문이다. 모델이란 직업에 매력을 느낀 이유가 런웨이 무대 위 혹은 카메라 프레임 속 모델들의 화려하고 빛나는 모습이긴 하다. 그분들을 존경하고 동경하는 것은 사실이지만 그분들이 걸어온 길과 내가 나아갈 길은 종류부터가 다르기에 그분들의 행보를 보고 배울 순 없었다. 내 앞길엔 선두 주자가 없어 일반적인 개념의 롤 모델은 찾기 어렵다.

꼭 인생에서 혹은 커리어에서 롤 모델이 있어야 더 멋

있는 삶을 살고 꿈을 이룰 탄탄대로가 펼쳐진다고 생각하진 않는다. 자기가 해야 할 일에서 본받을 만하거나 모범이 되는 대상이 있으면 좀 더 빠르게 목표로 향해 갈 수 있다. 하지만 그게 없어도 직접 그 길을 찾는 재미를 느낄 줄 안다면 더디더라도 언젠간 웃으며 도달할 수 있지 않을까?

이 답변 뒤에 따라오는 질문은 '내가 누군가의 롤 모델이 된다면?'이었다. 생각만 해도 너무 감사한 일이지만 지금의 내가 생각하기엔 이르고 과분한, 조금은 부담스러운 타이틀이다. 5년, 10년 후에도 모델 활동에 뜻이 있어 여전히 관련된 일을 한다면 그때의 나는 어떨지 모르겠으나, 지금은 아직 갈 길이 멀고 배워야 할 것도 많다. 지금의 나를 보고 누군가 꿈을 키운다면, 내 뒤를 따라오기보단 나란히 동행하는 사람이었으면 한다.

김완혁은 한 다리로 춤을 추는 비보이다. 2013년 사고로 오른쪽 다리를 잃은 것이 고등학생 때 포기한 비보잉을 다시 시작하는 계기가 됐다. 고향 강원도 원주를 떠나 서울에 정착해 7년간 10여 개의 직장에서 영상 편집, 촬영 보조, SNS 채널 관리, 디자인 등 다양한 업무를 맡았다. 2020년부터는 파라스타엔터테인먼트에서 모델 활동을 겸하며 우리금융그룹 '우리 동네 선한 가게', 앱솔루트 보드카 'WE CELEBRATE TOGETHER' 등의 CF에 출연한 바 있다. 현재 댄스 크루 부블리검프스(Bubbly Gumps) 소속으로 활동하며 유튜브 채널 '곰감동님'을 운영 중이다.

SBS 〈스타킹〉, KBS 〈사랑의 가족〉 등 다수 TV 프로그램에 출연했으나 방송 때마다 '대단한 장애인'으로 비치는 것이 부담스러웠다. 꿈과 목표에 대한 질문을 받을 때마다 예전에는 춤을 잘 추고 싶다고 했다. 지금은 자연스럽게 춤추는 사람이 되려 한다.

2   김완혁 ; 방송에서
                         편집된 말들

기회의 땅 서울로

낮에는 공익 근무, 밤에는 치킨집 아르바이트를 하던 때다. 소집 해제를 일주일 앞둔 시점이었다. 이쯤 나는 이상하리만치 큰 자신감이 있었다. 어릴 때부터 조용했던 내게 스물네 살, 갑자기 찾아온 성격 변화로 이때만큼은 누군가 싸움을 걸어와도 다 이길 수 있겠다는 무모함이 있었다. 아마 같이 일하는 동료나 친구들이 다들 나를 인정해 주는 것 같아서 '아, 내가 잘난 사람이었구나'라고 생각했던 듯하다.

오토바이는 절대 안 된다는 어머니 말은 듣지 않고 열심히 모은 돈 80만 원으로 중고 스쿠터를 사서 타고 다닌 지 일주일 정도 됐을 때였다. 새벽 늦은 시간, 아무도 없는 강원도 원주의 강변 도로에서 오토바이를 타고 집으로 돌아가던 중 최고 속력으로 달려 보고 싶은 생각이 들었다. 그렇게 시속 100킬로미터가 넘어가는 계기판과 도로를 번갈아 보던 중 직진 도로만 펼쳐지리라 생각했던 나는 예기치 못한 커브길에서 어찌할 도리가 없었다. 그 뒤로는 차가운 도로 바닥의 끔찍한 기억뿐이다.

오토바이 사고는 죽거나 살거나 둘 중 하나일 만큼 위험한 사고라는데, 이날 나는 인도의 경계석을 밟고 튕겨 나가 앞에 있던 전봇대에 다리를 심하게 부딪혔다. 그렇게 내겐 일어날 리 없을 것 같던 사고가 일어났고, 다행히 죽지는 않았지만 다리 하나를 잃었다.

제대 후 계획은 대학 생활을 잘 마친 후 회사에 들어가 평범한 사무직이 되는 것이었다. 그런데 장애인이 되자 복학부터 걱정이었다. 학교의 높은 언덕을 올라가는 것이 막막했고, 교수님과 친구들에게 도움을 받아야 하는 상황이 싫었다. 지금 생각하면 그냥 창피했던 것 같다.

수술 후 입원 중 다른 환자들로부터 장애인이 되면 연금도 나오고, 의족 비용의 80퍼센트를 나라에서 지원해 준다는 얘기를 들었다. 하지만 아니었다. 퇴원 후 알아보니 나는 지체 장애 3급으로 분류됐고 장애인 연금은 2급부터 나왔다. 나의 의족은 1000만 원으로 견적이 나왔지만 국가 지원금은 200만 원 정도였다. 의족 가격의 80퍼센트 국가 지원은 먼 과거의 정책이었던 것이다. 사람들 얘기만 듣고 그렇게 믿었기 때문에 나는 실망을 많이 했었다.

또 입원해 있을 때는 나중에 취업할 자신이 있었다. 많은 대기업에 장애인 일자리가 있다 하니 쉽게 들어갈 수 있겠다고 생각했다. 그러나 장애인 구직 사이트 '워크 투게더'에 올라온 대부분의 업무는 시설 청소나 경비 등 그때의 나로서는 하고 싶지 않은 일들뿐이었다. 또 아직 거동이 불편해 내가 할 수도 없는 일들이기도 했다. 두세 달간의 걱정과 고민이 계속되자 죽고 싶은 마음이 들었다. 게임 캐릭터를 반듯하게, 육성법대로 키우는 것처럼 나라는 캐릭터의 능력치가 실수로 잘못 찍혀 버렸다 생각하고 처음부터 다시 하고 싶었다.

사실 마음속으로는 고등학교 1학년부터 계속해 왔던 춤, 비보잉을 해서 사람들을 놀라게 하고 싶었다. 하지만 스물다섯, 춤을 다시 시작하기엔 나이도 적지 않았고 무엇보다 이미 많은 걱정을 끼친 가족들에게 춤을 추겠다고 하기엔 염치가 없었다.

퇴원하며 용기가 필요했다. 앞으로 어떻게 살까 고민하다 일단 큰 캐리어에 짐을 쌌다. 나는 어렸을 때부터 살던 할머니 댁이 있는 강원도 원주를 떠나 서울에 가기로 결정했다. 회사 취업이든 비보잉이든 기회는 서울에 많기 때문이다. 오른발엔 의족을 차고, 왼팔에는 목발을 짚고 버스를 탔다. 함께 춤추던 형님의 잘 다녀오라는 배웅을 받고 버스를 타고 가면서 혼자 몰래 좀 울었다. 힘들게 결심한 만큼 멋지게 살아내겠다고 다짐했다.

스물여섯 살까지 난 혼자 살아 본 경험이 없었다. 온전히 내 능력으로 살아 보고자 나온 것이었기에 바로 일을 할 수 있도록 미리 자격증 두 개를 따두었다. 컴퓨터 그래픽 기능사와 웹 디자인 기능사로 둘 다 포토샵과 일러스트를 주로 쓰는 자격증이었다. 대학에서 디자인 관련 학과를 전공했기 때문에 그나마 자신 있는 자격증이라 금방 딸 수 있었다.

내가 구직할 때 중요하게 본 두 가지는 디자인 직무를 하는 것과 일하는 시간이 적은 것이었다. 어디까지나 춤을 추기 위해 생활비를 벌고자 일하는 것이었으니 연습 시간이 보장되는 게 중요했고, 일반 회사원처럼 긴 시간 일하긴 힘들었다. 많은 월급을 바라는 것도 아니었고 내가 원하는 조건이 아니라도 합격이 되면 일단은 다니고 보는 성격이라 취업 자체는 별로 어렵지 않았다. 하지만 1년을 못 넘기고 퇴사한 일도 많았다.

7년 동안 꽤 많은 취업과 퇴사를 경험했다. 나는 조용하고 미련한 편이기 때문에 사회생활에 애를 먹기 딱 좋은 성격이다. 부당하다고 생각하는 것을 얘기하지 못해서 혼자 속을 썩이다 갑자기 퇴사하는 일이 많았다. 공무원 학원의 강의 촬영, 작은 벽화 회사의 사무 보조, 여행사의 디자인팀 사원, 스포츠 의류 회사의 모델 겸 그래픽 디자이너, 대기업 인터넷 쇼핑몰 재택 모니터링 업무, 공연 전문 회사의 댄서 겸 그래픽 디자이너 등 여러 직장을 거쳤다. 대체로 그래픽 디자인직을 지원했지만 이렇다 할 경력이 되는 일들은 없었고, 막상 일을 시작하면 디자인 업무 외에 기타 사무 보조 역할을 하는 경우가 많았다.

2016년 스물일곱 살, 나는 장애인 전문 여행사를 목표
로 하는 스타트업을 다니고 있었다. 당시 나는 첫 자취방에서
살고 있었는데, 서울은 아니지만 지하철로 15분 정도면 홍대
입구역에 갈 수 있는 서울과 일산 사이 화전동이란 동네였다.
보증금 100만 원에 월세 25만 원, 화장실과 싱크대가 함께 있
는 작은 방이었다. 월급은 150만 원, 서울 청계천 쪽 큰 빌딩
에 사무실이 있었고 깨끗한 사무실에 내 책상까지 있으니 이
전 직장들과는 다르게 꼭 제대로 된 회사원이 된 것 같았다.

　　직원들은 일곱 명, 그중 나는 디자인팀의 사원이었다.
모두가 일에 능숙한 프로처럼 보였고 나만 어리숙한 것 같았
지만 그런 티는 내지 않으려 했다. 전 직장에선 나이가 많으신
사장님과 작은 사무실에서 두 명만 일했기 때문에 비슷한 나
이의 동료들 여럿이 같이 일하게 돼서 참 좋았다.

　　콘텐츠 디자인직으로 입사해서 주 업무는 페이스북 채
널 콘텐츠를 만드는 것이었다. 나름 성실히 일했고 다른 직원
분들과도 재밌게 지냈다. 하지만 5개월 후 직장 생활에 익숙
해질 때쯤, 디자인팀장과 갈등이 생기기 시작했다. 아무래도
그분 쪽에서 내가 작업한 결과물이 부족하다고 얘기하는 경
우가 많았다. 그분은 어느 날 나를 따로 불러 일을 적게 하고
시간이 되면 다른 직원들보다 먼저 퇴근한다며 불만을 얘기
했다. 이후로도 갈등은 깊어져 그분이 나 때문에 퇴사한다는

말을 들었다. 얼마 후 대표님은 퇴근하던 나를 쫓아와 사람 구하기가 어려우니 사내 문화를 잘 좀 부탁한다는 얘기를 했다. 그 후 사람들과 잘 지내 보려 했지만 쉽지 않았고 내가 생각해도 사람들에게 다가가는 내 모습이 많이 부자연스러웠다.

당시 나는 장애인 취업 지원 인력으로 몇 개월간 나라에서 월급을 지원해 주는 시스템으로 입사했었다. 이 일로 인해 나의 취업을 관리하는 센터에서 담당자분이 회사를 찾아오셨고, 나는 전 직원과 한 명씩 개별 상담을 해야 했다. 모두에게 참으로 불편한 상황이었다. 이때쯤 처음으로 우울증을 경험했다. 두세 달간 병원 진료를 받으며 겨우 나아졌지만 6개월간 일했던 이 회사는 그만뒀다.

2019년 서른 살, 내 여섯 번째 직장은 공연 전문 회사였다. 당시 내 집은 서울 중랑구에 위치한 보증금 300만 원, 월세 27만 원의 반지하 방이었다. 당시 알고 지내던 한 공연 회사 대표님께 연락해 일자리가 있는지 여쭤봤다. 월급은 200만 원, 월급을 줄이고 적게 일하고 싶다고 얘기했지만 그렇게 되진 않았다. 회사의 소개 자료를 디자인하는 업무로 나는 일을 시작했다.

직원 대부분이 댄서였고 사무실이 연습실 겸용이라 업무를 마치면 춤 연습을 할 수 있어 좋겠다고 생각했다. 하지만 막상 월급을 받으며 일하니 현실은 바람 같지 않았다. 단체 생활에서 개인 시간을 갖는 건 이기적인 행동이라 다른 직원들에게 신경 쓰이지 않도록 조심했고, 모두가 퇴근한 뒤 나 혼자 사무실에 남아 연습을 하는 엄청난 열정은 잘 생기지 않았다.

회사가 인천이라 출퇴근이 힘든 점 때문에 두세 달간은 월세가 40만 원인 모텔 달방에 살았는데 그러다 보니 잠, 회사, 잠, 회사의 루틴을 반복했다. 춤을 출 시간이 부족했다. 직장 동료인 동시에 비보잉 크루 멤버인 사람들과 거의 모든 생활을 함께 하는 것에 대한 불편함도 있었다. 같이 춤추는 형, 친구, 동생 관계는 수평적이지만 일을 할 때마저 너무 수평적이니 두 관계 사이에서 괴리감을 느꼈다.

물론 이 회사에서 1년 반 정도를 일하며 능력과 성과도 많이 보였다. 영상 편집, 촬영 보조, 유튜브 채널 관리, 홍보 디자인 등을 했으니 여러 디자인 프로그램을 두루두루 다룰 수 있게 됐다. 하지만 단체 생활이 힘들어 일을 그만두고 싶다는 생각을 자주 했다. 비장애인일 때 고깃집, 호프집, 편의점, 피시방 등 꽤 많은 곳에서 아르바이트를 했다. 사장님들께 들었던 칭찬 중 가장 기억에 남는 것은 "너는 일을 잘하는 거야, 윗사람을 편하게 해주니까"라는 얘기였다. 살면서 할 말 다하고 사는 사람은 드물겠지만 내 성격은 그보다도 미련한 것 같다. 사람들의 눈치를 보고 마땅히 말도 못하는 나 자신을 바꾸고 싶단 생각도 많이 했다. 그러다 2020년 퇴사를 결심하고 내가 바라 왔던 춤 연습을 본격적으로 시작하게 됐다.

단숨에 대단한 사람이 되다

비보이를 시작한 건 고등학교 1학년 때였다. 내향적이던 나는 학교 복도에서 친구들이 연습하는 비보이 동작들을 보고 집에서 몰래 연습해서 실력을 키웠다. 용기를 내서 들어간 댄스 동아리에서 방과 후 매일 친구, 선후배들과 함께 연습했다. 2000년대 후반, 한국 비보이가 엄청난 전성기일 때다. 나도 고등학교를 졸업하면 서울로 가서 멋진 비보이가 되고 싶었고, 열심히 연습해서 공연도 하고 여러 비보이 대회에도 참가해 봤다.

하지만 좋은 결과는 없었다. 내 실력이 부족한 것도 있지만 우리나라 비보이들의 실력은 대단하고 벽이 참 높았다. 졸업할 때가 되자 나는 비보이의 꿈을 접고 어느새 다른 친구들과 같이 대학교 일반 전형에 지원서를 쓰고 있었다.

그랬던 내가 오히려 장애인이 되고 나서 다시 프로 비보이를 꿈꾸게 됐다. 사고 전엔 운동이나 러닝머신으로 땀을 흘릴 수 있었지만, 걷는 것부터 다시 시작하니 두 다리로 활기차게 몸을 움직이며 활동했던 때가 사무치게 그리웠다. 하지만 내가 비장애인일 때부터 비보이를 했었단 건 큰 행운이었다. 서울로 간 것도, 멀리 있는 연습실까지 버스와 지하철로 열심히 움직이는 동력도 비보이가 되기 위해서였다. 그 과정 덕에 나는 다시 사회로 나오게 됐다. 의족과 함께 큰 문제 없이 걸을 수 있게 됐고 연습실에서 내 걸음걸이와 춤추는 모습도 큰 거울로 볼 수 있었다.

장애인이 된 지 1년 조금 넘었을 무렵, 의족에 적응하고 꽤 잘 걷게 됐다. 프로 비보이 팀에 들어가 매일같이 홍대입구역 부근으로 연습을 다니던 어느 날 팀 동료로부터 SBS 〈세상에 이런 일이〉에 출연하지 않겠냐는 권유를 받았다. 이후 나는 〈스타킹〉을 비롯해 말로만 듣던 유명 TV 방송들에 출연하게 됐다.

신기한 경험이었다. 카메라들이 나를 찍었고 방송국 스튜디오에서 많은 연예인과 관객 앞에서 춤을 추고 마이크를 들고 준비된 대사를 말했다. TV에 우리 집과 가족들이 나오고, 방송이 나가면 페이스북에 친구 신청이 들어왔다. 포털 창에 내 이름을 검색하면 뉴스 기사들이 떴다. 원래 내 의족은 800만 원으로 맞춘 것이었는데 한 의족 회사의 홍보 대사로 계약하게 되면서 3000만 원이 넘는 의족을 받았다. 나는 단숨에 대단한 사람처럼 됐다.

그 후로도 많은 방송과 공연 다큐멘터리, 뉴스에 출연했지만 출연료는 내가 고생한 만큼 많지는 않았다. 적게는 20만 원에서 많게는 50만 원 정도 받았다. 언제부턴가 출연료가 없는 방송, 좋은 의미의 재능 기부형 인터뷰나 출연 제의 등은 피하게 됐다. 정말 재능을 기부할 만한 행사인지 알 수 없었고 방송 촬영에 내 시간을 어느 정도 써야 하는지 모르기 때문이다. 갑작스러운 장애로 힘들었던 내게 춤을 출 수 있단 건 큰 행운이었지만, 먹고살기 바쁜 것도 사실이었다. 지금도 어디서 출연 제의를 받으면 어렵게나마 출연료와 함께 어느 정도 시간과 노력이 필요한 일인지 꼭 물어보려 한다.

솔직히 나는 방송 출연 당시 사고 전과 춤 실력은 똑같은데 다리만 외다리였다. 이전에 하던 기술들을 다시 살린 정도로 이 또한 걸음마 단계였다. 외다리인 나와 내 춤에 자신이 없었다. 방송 출연과 공연들은 물론 좋은 취지였지만 대단한 사람이 돼야 한단 생각에 부담감이 계속 쌓여 갔다. 춤을 추러 서울로 이사한 뒤 2년 정도는 매일 세 시간 정도 연습했는데, 연습을 많이 한 날에는 근육통이 심해서 자다가 화장실에 갈 때면 기어가기도 했고, 다리를 못 써서 팔 힘을 많이 쓰게 되니 팔꿈치에 퇴행성 관절염이 생겨 수술 권유도 받았다. 춤추는 것 자체를 즐기지 못했고, 내가 춤추는 영상이 방송으로 나와도 어색하고 민망해서 잘 안 봤다.

장애인이 된 후 팀과 함께하는 퍼포먼스에서 내 자리는 늘 가운데였다. 단체 군무를 따라갈 수 없는 나에 대한 팀원들의 배려이자 같은 춤을 출 수 없는 서로를 위한 자연스러운 연출이었다. 여러 동료가 인간 탑을 쌓아 주면 가운데로 멋지게 뛰어나온다거나, 관객의 시선을 한몸에 받게 팀원들이 위치를 만들어 주면 내가 멋진 동작을 보여 주는 식이었다. 축구로 예를 들자면 골을 넣는 사람이었다. 누구나 무대 위에선 주인공이 되고 싶을 것이고 나 또한 그랬다. 그래서 이 역할을 맡게 된 것이 기쁘면서도 나는 매번 그런 역할만 맡으니 중요한 연출이 있을 때마다 부담이 됐다.

2017년 부천에서 열린 세계 비보이 대회 때 특히 그랬다. 당시 나는 비보이만이 아닌 다양한 스트릿 댄스 장르의 멤버 일곱 명이 모인 부블리검프스BubblyGumps 크루의 멤버였다. 부블리검프스는 유쾌한 바보들이란 뜻이다. 우리 팀은 메인 비보이 배틀이 아닌 퍼포먼스 경연 부문에 참가 신청을 하고 비장한 컨셉의 공연을 준비했다. 전 세계 비보이들이 보는 큰 대회인 만큼 잘해야 한단 욕심이 있었다.

대회를 준비할 때는 모두가 맞는 시간과 장소를 잡아 연습하는 식이다. 그런데 학생인 멤버도 있고 아르바이트를 하는 멤버도 있고 각자의 생활을 하며 준비하다 보니 연습 시간이 충분하지 않았다. 작전을 잘 짜고 합을 맞춰야 기대한 만큼의 퍼포먼스를 만들 수 있는데 그러지 못했다. '사공이 많으면 배가 산으로 간다'는 말이 있듯이, 여러 멤버의 의견이 모이다 보니 연습보다는 고민하는 시간이 많아졌다. 결국 대회 준비를 제대로 마치지 못한 채 무대에 올라갔다. 그리고 아직까지 내 기억에 남을 만큼 큰 흑역사를 남겼다. 준비가 안 된 만큼 실수가 많았고, 대부분의 멤버 스스로에게도 실망스러운 퍼포먼스였다.

누구도 탓할 수 없지만, 너무도 실망한 나머지 함께하는 팀에 대한 원망까지 생겼다. 예전에 SBS 〈비디오머그〉의 인터뷰에서 "다른 비보이들이 실수하거나 넘어지면 웃을 수도 있겠는데, 제가 넘어지거나 실수하면 관객 입장에서 웃어야 할지 말아야 할지 난감할 것 같다"라는 얘기를 했었다. 나는 공연하는 내 모습을 보는 많은 시선들이 진지하다고 느꼈다. 외다리인 나는 무대에 서는 것만으로 많은 박수와 관심을 받을 수 있기 때문에 '대단한 장애인이 춤을 춘다'라는 인식에서 자유롭지 못하다.

물론 외다리인 내가 춤추는 것이 대단하지 않은 것은 아니다. 함께 활동한 사람들은 거의 모두 비장애인인데, 나처럼 연습실이나 행사장으로 이동하는 것 자체가 어려운 사람은 없을 것이다. 하지만 자신만의 힘든 점은 누구에게나 있기 때문에 힘들거나 불편하단 말은 잘 하지 않는다.

정확히 말해서 외다리라서 춤추는 게 힘든 것은 아니다. 사실 의족을 빼는 것이 춤출 때 더 움직이기 편하다. 춤출 때 의족을 끼면 다리가 마음대로 움직여 주질 않고 어색한 동작들이 많이 나오기 때문이다.

　　오히려 내가 처음부터 외다리였다면 지금보다 자연스럽게 춤출 수 있었을 것이다. 거의 모든 비보이 기술들이 비장애인의 사지에 균형이 맞춰져 있다. 나는 오른손잡이라 비장애인일 때부터 오른쪽 다리로 도약하는 기술들을 많이 썼는데 이제는 좌우 방향을 바꾸지 않는 이상 못하게 됐다. 방향을 바꿀 수도 있지만 오른손잡이가 왼손으로 글씨를 써야 하는 것처럼 거부감이 있어서 연습을 잘 안 하게 된다. 후천적으로 장애를 얻었기 때문에 두 다리였을 때의 몸과 춤이 계속 떠오른다. 그래서 춤이 부자연스럽다고 스스로 느낀다. 꿈, 목표에 대한 질문을 많이 받았었는데 예전에는 춤을 잘 추는 사람이 되고 싶었다. 지금은 자연스럽게 춤추는 사람이 되고 싶다.

정부 지원 사업은 어려워

코로나로 인해 세상이 뒤숭숭하지만 나의 2021년은 벅찰 만큼 공연과 촬영이 많았다. 지난해 가장 많이 참여한 공연은 한국문화예술위원회의 문화 예술 사업 '신나는 예술 여행'이었다. 전국 곳곳의 복지관, 학교, 군대 등을 찾아다니며 1년간 총 10회의 공연을 하는 것이었다. 1회 500만 원의 예산이 배정됐는데 나는 이 공연 사업에서 한 회당 적게는 10만 원에서 많게는 30만 원을 받았다.

한번은 장애인 문화 예술 지원 사업에 참여했다. 항상 무대에서 춤추는 출연자 역할만 했을 뿐, 이런 공공 기관 사업에 기획안을 내는 것은 처음이었다. 문화 사업에 대해 잘 아는 지인들에게 물어보며 2주 조금 넘는 기간 동안 내가 만들고 싶은 공연을 열심히 기획해서 제출했다. 지원 사업에 선정이 돼서 다행이지, 글을 쓰고 서류를 작성하는 것이 이렇게 힘들고 지루한 일인지 처음 알았다.

800만 원의 예산을 배정받았다. 내가 공모한 작품은 부블리검프스 팀과 함께하는 '인사이드아웃'이란 제목의 공연이었다. 감독인 내게 주어진 시간은 세 달이었다. 가장 중요한 음악과 댄스 퍼포먼스 연출을 준비하고, 멤버들의 공연 의상을 찾아 구매했다. 이외에도 포스터를 제작하고 공연장을 계약하는 등 모든 공연을 총괄했다. 예산 지출 내역은 모두 사업처에 자료로 증빙해야 했는데, 이 부분이 중요하단 말을 많이 들어 왔어서 꼼꼼히 영수증을 모았다. 사업 진행에 필수였던 국고 보조금 통장을 만들 때 절차가 너무 까다로워 카드 하나를 만들려고 은행에 네 번 정도 갔다. 그때 '다시는 정부 지원 사업에 신청하지 말아야지' 생각했던 기억이 난다.

우여곡절 끝에 2021년 9월 26일, 내 고향 원주의 UR컬처파크에서 공연을 했다. 정말 잘 초대하지 않는 가족도 부르고 초등학교 때 담임 선생님까지 오셨다. 공연 당일에 멤버가

다치고, 예상 시간보다 일정이 딜레이되는 등 예기치 못한 상황들도 있었지만 공연은 성공적으로 끝났다. 누구나 바쁜 일을 잘 마치고 집에 돌아올 때 가장 기분이 좋은 것처럼, 수개월을 준비한 공연이 끝나니 후련했다.

이때까지 크게 다섯 팀에서 멤버로 참여했고 그중 두 팀과 지금까지 함께하고 있다. 하나는 위에서 말한 부블리검 프스다. 서울에 와서 만난 귀여운 동생들과 이룬 팀이다. 다른 하나는 원주의 비보이 클라이맥스 크루다. 이 팀은 고등학교 시절 춤을 시작할 때부터 함께였는데 현재 강원도의 유일한 비보이 팀으로 남았다. 이제는 다들 각자의 직업과 가족이 생겼고 나이도 많아져서 나는 장난으로 우리 팀을 '조기 축구회'라 부르지만, 가족 같은 팀인 만큼 공연이 생길 때마다 꼭 원주까지 찾아가 연습한다.

지하철만 타면 신경전

나는 의족을 그대로 내보이고 다니기 때문에 많은 시선을 받는다. 처음부터 그럴 생각은 없었지만 여름엔 항상 반바지를 입고, 겨울에도 한쪽만 자른 까만 타이즈를 입고 반바지를 입는다. 사고 후 다리를 절단했을 때 병원에서는 의족을 하고 잘만 적응하면 길거리에서 아무도 모르게 걸을 수 있다는 얘기를 해줬고, 그런 희망을 가진 적도 있었다. 그만큼 굳이 장애인처럼 보이지 싶지 않다는 것이 너무도 당연한 생각이었다.

하지만 시행착오를 거치며 나는 결국 의족을 훤히 내보이고 다니게 됐다. 긴바지를 입을 때 보통 의족 구조물 위에 살처럼 스펀지를 감싸고 살색의 천을 씌운다. 그 후 긴바지를 입으면 일반 다리처럼 보이지만 나는 그게 굉장히 답답했다. 스펀지가 감싸고 있기 때문에 의족의 움직임을 방해하는 점이 가장 싫었고, 진짜 다리처럼 생긴 의족이 기괴했다. 로봇 다리인 채로 밖에 나가면 사람들 특히 아이들이 놀라지만 내 몸이 편하기 위해 그냥 드러내기로 결정했다.

배려에 관한 문제도 있다. 특히 지하철에서 많은 해프닝을 겪는다. 서 있는 사람들은 내가 노약자석에 앉아 있을 때 내 다리를 유심히 보지 않는다. 그래서 내가 다리가 불편한지 모를 때가 많다. 옆에 앉으신 어르신께서 신사적인 말투로 "학생, 여기는 노인들이 앉는 자리야"라고 얘기하시면 맞은 편 앉아 계신 다른 분이 "다리가 아픈 학생이에요"라고 대신 말해 주신다. 그럼 어르신께서 "아이고! 미안하네"라고 얘기하시고 나는 그저 "예"라고 대답한다. 어르신이 제대로 살피지 않은 잘못도 있지만 나는 가만히 있다가 어르신을 민망하게 해버린 셈이다.

또 술에 취한 아저씨 두 분이 노약자석에 앉으셨을 때 구석에 있던 나와 신경전이 엄청났다. 두 분도 노약자석에 앉을 만한 나이는 아니어서, 나에게 뭐라고 하지는 못하고 대화를 시끄럽게 이어 가며 나를 은근히 툭툭 치는 등 은근한 불만을 표현하셨다. 그게 불편해서 일어나 아저씨들 앞에 서자 그 사람들이 내 다리를 보고 눈이 똥그래지며 당황하고 조용해진 경험이 있다.

엘레베이터를 탈 때도 많은 사람들이 후다닥 빨리 탄다. 나는 억척스럽게 빨리 타지는 못하기 때문에 새치기도 참 많이 당한다. 엘레베이터에 사람들이 꽉 찬 상태로 올라가게 됐는데 어떤 아저씨가 한마디 하셨다. "젊은이들이 타면 안 되지." 그래서 "장애인이에요"라고 대답했다. '양보를 받으려면 일부러 더 쩔뚝쩔뚝 걸어야 하나'라고 웃긴 생각도 했다. 또 차라리 노약자석이 없어졌으면 좋겠다고도 생각했다. 양보와 배려는 의무가 아니라 마음속에서 우러나와야 할 것 같은데 지금의 노약자석이란 공간은 본래 의미와 맞지 않게 사람을 가르는 것 같다. 모두 같은 자리에 앉되 양보는 하고 싶을 때 하면 오히려 더 괜찮은 세상이 되지 않을까 생각했다. 아무튼 공공장소에서 일어나는 해프닝들은 나의 정신 건강에 매우 해롭기 때문에 이제 반바지를 입는 것은 나에게 거의 선택이 아닌 의무일 정도다.

8년 가까이 다양한 시선을 받으며 돌아다니다 보니 신경 쓰지 않는 요령도 생겼다. 내가 가장 많이 이용하는 교통수

단은 지하철인데, 장애인이라 무료로 탈 수 있어서 일부러라도 많이 이용하고 있다. 일단 나는 노인도 튼튼한 젊은이도 아닌 애매한 입장으로 지하철에 입장한다. 일반 좌석 맨 끝 혹은 노약자석에 앉는 게 편하지만 자리가 없을 때는 출입구 옆의 봉을 잡고 선다. 누군가의 앞에 서 있어도 되지만 그러면 꼭 양보해 달라고 하는 것 같고, 사실 젊어서 어느 정도 서서 가는 게 그렇게 힘들지도 않다. 그런데도 내가 서 있는 것이 보기 불편해 양보해 주는 분들이 있다.

좌석에 앉게 되면 일단 내 옆과 맞은편에 앉은 사람들이 나를 한 번씩 훑어보는 것으로 시작한다. 갑자기 다리를 접었다 폈다 운동을 시작하시는 분들이 자주 있는데 그 모습을 보면 기분이 안 좋다. 많은 승객들 틈으로 나를 힘껏 째려보시는 아저씨를 대적해서 조용한 눈싸움해 본 적도 있고, 다리 운동을 시작하시는 할머니 앞에서 나도 보란 듯이 다리 운동을 하며 저항해 본 적도 있다. 물론 나의 피해 의식일지도 모른다. 지하철에서의 나는 억울함에 절여진 사람 같다.

춤이 정말 좋아서 하는 걸까

비보이를 시작한 지 15년, 외발 비보이가 된 지는 8년이 됐다. 남들 앞에서 나를 '비보이 김완혁'이라고 소개할 때도 있고 필요할 때는 '외발 비보이 김완혁'이라 소개한다. 앞에 '국내 유일'이 붙을 때도 있는데 뭔가 거창해서 스스로를 그렇게 소개진 않는다.

가장 어려운 공연은 바로 마이크를 들고 스피치해야 하는 시간이 마련된 공연이다. 내가 춤을 추기만 해도 많은 사람들에게 좋은 영향, 동기 부여가 될 수 있다는 것은 감사한 일이다. 하지만 나의 이야기를 교훈이 되는 말로 만들어야 할 때 가장 어렵고, 왜 그렇게 해야 하는지 참 어색하고 답답할 때가 많다. 가끔 내가 작품을 주도할 기회가 생기면 모든 출연자들이 돋보이게 구성하려 한다. 평소 다른 작품들에서 내가 돋보이는 장면이 많다 보니, 직접 공연을 만들 땐 그걸 피하는 편이다.

춤출 때 남과 경쟁하는 게 비보이 배틀의 당연한 심리겠지만 나는 우선 내 불편한 몸과 싸울 일이 많다. 그러다 보니 다른 사람과 경쟁할 생각을 못하는 게 경쟁력일 수 있겠다. 춤은 성격을 따라간다는데, 내 춤엔 정직한 무브들이 많지만 여유와 멋을 잘 표현하지는 못하는 것 같다. 비장애인일 때도 그랬고 다른 사람의 춤을 따라 하는 능력이 많이 떨어져서, 내 안무는 모두 내가 짠 동작들이다. 필살기나 욕심이 나는 동작들을 짜는 것은 좀 미뤄 두고 있지만 올해엔 새로운 동작을 만드는 것에 시간을 할애하고 싶다.

가끔 '춤이 정말 좋아서 하는 것인가'란 생각을 한다.

초등학생 때 어느 지방의 청소년 댄스 대회에서 비보이를 처음 봤다. 한 남자가 물구나무 자세로 무대를 가로지르는데 그 장면이 너무 멋있고 신기해서 기억에 남았다. 중학교를 졸업할 때쯤 친구들이 복도에서 그 춤을 추는 것을 보고 나도 집에서 물구나무 연습을 시작했다. 처음엔 친구들에게 어려운 기술을 하는 나를 보여 주고 싶어서 비보잉을 시작했던 것 같다. 내게 비보잉의 매력은 고난이도 기술들로 이뤄진 춤이라는 점이었다. 지금은 비보잉에 대해 더 많은 생각을 하게 됐다. 정해진 것 없이 다양한 춤 스타일과 캐릭터가 나올 수 있는 장르란 것과 장애인인 나 또한 문제없이 함께 춤출 수 있는 장르라는 점이 좋다. 실제로 세계적인 스트릿 댄서 중 유독 비보이 장르에 지체 장애인이 많고 실력도 대단하다.

요즘은 댄서 생활 이외에도 재택으로 디자인 업무도 하고, 유튜브 채널도 운영 중이다. 최근엔 우리금융그룹과 앱솔루트 보드카의 광고 모델로도 촬영했다. 감사하고 좋은 일들이 많이 일어났지만 그에 따른 책임들이 꼭 있다. 정말 집중해야 할 공연이나 활동이 있다면 다른 일이 들어와도 그 제의를 거절해야 하지만, 나는 본디 거절에 약한 사람이다. 원래 성격도 그렇지만 어쩌면 나 또한 내 장애로 인해 더욱 선하고 바른 사람이라는 이미지를 신경 쓰는 것일 수도 있겠다. 올해엔 그런 고민으로부터 자유로워진 채 일하고 싶다.

모든 동정이 나쁜 건 아니다

호주의 코미디언이자 장애인 권리 운동가인 스텔라 영Stella Young
은 한 강연에서 "장애인은 다른 사람에게 어떠한 영감이나 감
동을 주기 위해 존재하는 사람이 아니다"라고 말했다. 감명
깊은 말이었지만 그 말과는 다르게 나는 지금 영감이나 감동
을 주는 사람이 되어 있다. 나 또한 장애인인 스스로를 엄청난
노력, 극복, 정신력 등의 키워드에 가뒀을지도 모른다. 하지만
이제는 좀 다르게 받아들이려 한다. 춤을 추는 예술가로서 내
가 다른 사람에게 어떠한 좋은 영감이나 감동을 줄 수 있다면
그것만으로도 내가 열심히 살아갈 하나의 원동력이라고 생각
한다.

하지만 '장애인을 동정하면 안 된다'는 인식이 너무 깊
어지면 오히려 차별이 생긴다고 느꼈다. 일터에서는 당연히
내가 장애인이기 때문에 열외되는 상황은 없게끔 노력한다.
예를 들어 모두 열심히 짐을 나르는 상황이면 나도 당연히 돕
는다. 하지만 굳이 안 그래도 된다고 판단하면 짐을 들지 않는
다. 오히려 서로 불편할 수도 있다. 내가 다리가 불편한 장애
인인 것은 사실이기 때문에, 모든 걸 따라가려 하면 지친다.
해야 하는 일과 안 해도 되는 일을 내가 먼저 정하는 게 나에
게도 다른 사람들에게도 낫다. 예를 들어 모두가 열심히 짐을
나르는 좁은 길을 내가 비켜 줘야 하는 상황이라면, 애초에 그

좁은 길에 내가 서 있지 않는 것을 더 중요하게 생각한다. 사람이라면 누구나 실수도 하고 부족한 게 있다. 마찬가지로 다리가 불편하면 안 해도 되는 일이 있다. 구태여 모든 사람을 똑같이 대하지 않아도 된다고 생각한다.

한번은 퇴사 이후 식사 자리에서 만난 선배에게 '장애인이라고 해서 봐주면 안 된다'는 생각에 나를 일부러 모질게 대했다는 얘기를 들었다. 회사에 다닐 때 이 선배의 보조 역할을 하며 혼나기도 많이 혼나고 핀잔도 많이 받았다. 나를 싫어해서 그러는 것이 아닌 걸 알아서 마음속에 크게 담아두진 않았다. 직장에서의 관계가 없어지고 당사자에게 그런 솔직한 얘기를 들으니 고마웠다. 하지만 그동안 일하며 만난 많은 사람들이 나를 대할 때 '장애인을 대한다'는 생각이 서려 있다는 내 느낌이 맞았다는 생각을 했다. 물론 장애가 아닌 나의 개인적인 문제일 수도 있지만, 일하며 그냥 넘어갈 수도 있는 행동이나 실수를 오히려 나의 장애 때문에 한 번 더 짚고 넘어가는 등 오히려 엄격해진다고 느낀 경우들이 있다. 내가 나에게는 엄격하려고 하지만 나의 장애로 인해 남이 나에게 엄격한 것은 슬펐다.

내겐 도움받지 않고 혼자 해내고 싶어하는 고집이 있다. 배려를 해줘도 싫고 똑같이 대해도 싫다니 참 피곤한 사람이다. 동정이나 배려 자체가 싫은 것은 아니다. 나의 사고에 대한 얘기나, 내 비보이 공연을 보고 울었다는 얘기를 들었을 때, 공감해 주는 것 같아 고맙기도 하고 기분이 나쁘지 않았다. 또 모르는 분이 아프거나 불편하지 않냐고 물어보시면 많이 적응해서 괜찮다고 기분 좋게 말한다. 하지만 길을 걷다가 날 안타까워하는 분들이 뒤에서 쯧쯧 소리를 내시는 건 싫다. 확실한 기준을 말하긴 어렵지만 같은 동정이라도 공감이나 배려가 있는지 없는지에 따라 다르게 느낀다.

내가 가장 중요하게 생각하는 건 '아무렇지 않게' 대하는 것이다. 내가 다른 장애인을 대할 때도 그러려고 노력한다. 서로 어색함 없이 장애인도 비장애인을, 비장애인도 장애인을 아무렇지 않게 받아들이는 사회가 되면 좋겠다. 말처럼 쉽지 않겠지만 이건 나 스스로에게도 마찬가지다. 다른 사람들이 내 장애를 스스럼없이 대하는 것처럼 나도 내 장애를 넘어 내가 속한 사회를 아무렇지 않게 대하고 싶다.

이찬호는 모델이다. 예술 대학 연극영화과에 진학해 배우의 꿈을 키웠으나 2017년 여름 군 복무 중 철원 K-9 자주포 폭발 사고로 전신 55퍼센트 화상을 입었다. 열 번이 넘는 피부 이식 수술, 골절 수술을 거치며 꿈을 포기했으나 세계적인 모델이자 백반증 환자 위니 할로우(Winnie Harlow)의 이야기를 접하며 트라우마를 극복했다. 파라스타엔터테인먼트 소속 모델로 사회에 복귀한 이찬호는 2021년 게임 '아르미스' 메인 CF 모델을 맡았다. 화상 흉터로 배역 선택의 폭은 좁아졌으나 본래의 꿈인 배우를 준비하고 있다. 저서로는 《괜찮아, 돌아갈 수 없어도》가 있다.

이찬호 ; 잃은 것보다
얻은 것에 집중할 때

감각의 절반이 사라지다

2017년 8월 18일 철원 지포리 사격장에서 우리는 총 여섯 발의 탄을 쏘는 K-9 자주포 사격 훈련 중이었다. 32도가 넘는 무더위에 점심으로는 돌 같은 전투 식량을 먹고 다른 부대의 사격을 지켜보면서 차례를 기다렸다. 매번 하던 훈련이라 긴장감 없이 로봇처럼 첫 번째, 두 번째 탄까지는 아무런 문제 없이 진행했다. 문제의 세 번째 탄에서, 기계적 결함으로 K-9 자주포 내부로 들어오면 안 되는 연기와 스파크가 미친 듯이 들어왔다. 1평도 안 되는 폐쇄적인 공간이었다. 불꽃이 튀어 남은 세 개의 화약이 폭발했다. 눈 깜짝할 사이였다. 문이 잠겨 있어 어떠한 대처도 못 한 채 온몸이 타들어 갔다. 그 당시 멀리서 훈련 상황을 지켜보던 후임의 말로는 "핵폭탄이 터진 것처럼 솟아오르는 불줄기와 연기가 안전지대까지 느껴졌다"고 한다. 40톤급 방탄 철갑으로 둔갑한 자주포는 산산이 부서졌고 그 덕분에 잠겨 있던 철문이 열려 우리는 초인적인 힘으로 그곳을 빠져나왔다. 온몸에는 전투복이 눌어붙어 있었고 폭발할 때의 강한 섬광 때문에 앞이 하나도 보이지 않았다. 밖은 마치 전쟁터를 방불케 했다. 응급 처치 같은 건 없었다. 어수선한 분위기에 당황한 나머지 땡볕에 방치됐다. 급한 대로 차를 타고 근처 이 병원 저 병원을 전전했으나 화상 전문 병원이 없어 제대로 된 치료를 받지 못했다. 나중이 돼서야

헬기가 뜨고 국군 수도 병원까지 날아갈 수 있었다. 그곳에서도 화상 전문의는 한 명뿐이라 부대원 몇 명은 다른 화상 전문 병원으로 이송돼 위탁 치료를 받았다. 그렇게 총 세 명의 사망자가 발생했고 네 명의 생존자 중 나는 사망자 명단 후보에도 올라가 있을 정도로 상태가 심각했다. 시력 저하와 분쇄 골절에 신체의 총 면적 중 55퍼센트가 화상을 입었고 45퍼센트가 3도 화상인 중환자로 분리됐다. 의사 선생님께서 말하길 죽을 확률이 높다고, 만약 살아도 평생 치료와 수술을 병행해야 한다고 하셨다.

치료 과정은 사고 당시 고통의 배는 넘을 것이다. 매일 밤 악몽과 고통에 시달렸고 마약성 진통제 없이는 잠을 못 이뤘다. 소리와 냄새에 민감해졌고 스트레스와 트라우마가 뇌리에 박혀 있어 불안한 상태였다. 차라리 죽고 싶다는 생각을 많이 했다. 총 12번의 수술과 재활 치료를 하며 지옥을 맛보았다. 피부가 정상적이지 않아 체온 조절도, 땀 배출도 어려웠다. 감각이 없어지는 건 물론, 털도 자라지 않고 손가락은 피부가 서로 눌어붙어 주먹을 쥐지도 펴지도 못했다.

국민건강보험공단의 보고에 의하면 화상 환자는 한 해에 50만 명이 넘는다. 그런데도 화상 전문 병원은 전국에 네 개뿐이다. 내가 입원할 때도 나 한 명 들어갈 자리조차 없을 정도였다. 그때까지만 해도 나는 화상이 요리할 때나 불을 다룰 때 생기는 가벼운 상처라고 생각했다. 아니었다. 화염, 폭발, 뜨거운 물, 마찰, 전기, 번개, 각종 화학 물질로 화상 입은 환자들을 나는 병원에서 수없이 마주쳤다.

병실 옆자리엔 내 또래의 딸이 두 명이나 있는 남성 환자분이 있었다. 2만 2900볼트 특고압 전기 작업을 하다 전기 화상으로 손가락 한 개를 절단한 분이었다. 전기 화상은 피부만 상하는 것이 아니라 근육과 뼈까지 다친다. 대부분 손을 통해 체내로 들어온 전기는 어디로 나가느냐가 관건인데 심장을 지나게 되면 사망할 가능성이 매우 높다. 팔, 다리를 절단하는 일이 다반사다. 그분은 손가락 한 개만 절단해서 불행 중 다행이라며 긍정적으로 병원 생활을 하셨다. 면회 온 가족들을 만날 때면 누가 환자인지 모를 정도로 유쾌하시고 가족들이 걱정할까 봐 아픔을 전혀 드러내지 않으셨다. 가장이라는 위치에서 돈을 벌기 위해 매일같이 전기선에서 외줄 타기를 하고 계셨던 것이었으리라.

옆 병실에는 이제 막 말을 하기 시작한 귀여운 아기가 입원해 있었다. 두피에 화상이 심해 머리카락이 뜨문뜨문 자라고 있는 아기에게 장난감이나 놀이공원은 사치였다. 고통이 없는 게 가장 큰 축복이었다. 사탕이나 초콜릿으로 견딜 수 있는 아픔이 아닐뿐더러, 커서 학교를 가거나 사회생활을 하며 그 아이가 겪을 어려움을 생각하니 마음이 아팠다. 영유아 화상은 성인과 달리 성장할 때마다, 피부가 늘어날 때마다 매번 수술해야 하기 때문이다.

큰 폭발 사고가 아니라 약한 불이라도 오래 노출되면 깊게 화상을 입는다. 한 환자분은 폐쇄된 곳에서 연기를 장시간 흡입해 식도 전체가 심하게 손상된 상태였다. 하지만 그보다 큰 비보가 환자분을 기다리고 있었다. 함께 화상을 입은 남편분은 사망하셨던 것이다. 환자분이 정신적 쇼크로 건강이 더 나빠질까 봐 아무도 그걸 말해 주지 않았다. 나중에 남편 소식을 듣고 얼마나 우시던지 그때의 울음소리가 잊히지 않는다. 가장 행복할 나이에 과부가 되는 것, 살아온 날보다 앞으로 상처를 안고 살아갈 날이 더 많은 것보다 큰 비극은 없을 것이다. 그들 사연을 아무리 이해하고 가늠한다 해도, 겪어 보지 않은 사람은 그중 10퍼센트, 아니 1퍼센트도 공감하지 못할 것이다. 그저 흉한 피부로 보일지라도 모든 흉터엔 남이 모르는 사연이 있다.

피사체의 자격

퇴원 후 나는 180도 다른 사람이 됐다. 자존감이 낮아져 거울을 보기 힘들었고 옷을 사고 머리를 하고 꾸미는 것에 흥미를 잃고 필요성도 못 느꼈다. 하루아침에 사고로 달라진 모습을 인정하기 싫었다. 나 자신도 나를 인정하지 못하는데 남들이 나를 보는 시선은 어떨지 상상하기도 싫었다.

특히 여름이 문제였다. 긴팔 긴바지를 입고 중무장을 해서 나가도, 더워도 덥다고 말을 못하고 흉터를 숨기기 바빴다. 손가락의 흉터가 보일세라 큰 옷을 입고 소매에 손을 감췄다. 코로나19가 창궐하기 전부터 나는 매일같이 마스크를 쓰고 다녔다. 우스갯소리로 여기에 모자까지 쓰면 연예인 패션이었다. 튀지 않기 위해 노력했지만 남보다 더 튀는 아이러니한 상황이었다.

시선도 시선이지만, 주변 사람을 의식하고 눈치보는 내 문제도 컸다. 새로운 사람을 만나면 경계하고, 피해망상도 생겨 상대방의 반응을 왜곡해서 보는 악순환이 생겼다. 공공장소나 사람 많은 곳에서는 눈알 굴러가는 소리가 들릴 정도였다. 그렇게 사회공포증, 대인 기피증, 폐쇄 공포증 등 온갖 증이란 증이 자격증처럼 쌓여만 갔다. 사고 전까진 말수도 많고 사람들과 어울리기 좋아했던 내가, 가까운 외출에도 위축됐다. 사람은 절대 안 변한다고, 변하면 죽는다고 하던데 정말 죽을 것 같은 절망에 빠졌다.

사고 전 나는 예술 고등학교를 나와 예술 대학에 입학해, 연기를 전공하는 배우 지망생이었다. 아무리 배우의 본업인 연기를 잘해도 직업 특성상 외모가 큰 부분을 차지한다. 이미지로 벌어먹는다고 해도 과언이 아닌데 흉터는 내게 너무

치명적으로 다가왔다. TV에 나오는 배우들은 몸에 흉터 하나 없고 손에 있는 작은 큐티클조차도 관리한다. 익스트림 클로즈업 샷에도 그들의 피부는 모공조차 보이지 않을 정도로 갓 빚은 도자기처럼 예쁘고 멋있다. 기술까지 좋아져 요샌 4K UHD, 더 나가아 8K까지 선명한 화질을 구현한다. 나중에 내가 티비에 나오면 카메라인지, 돋보기인지 모를 것들이 나의 흉터를 낱낱이 파고들 것만 같았다. 그걸 본 시청자들의 반응을 떠올릴 때마다 내 피부에 대한 악플이나 피드백을 견디지 못해 비극적인 드라마가 현실에서 일어날 것 같았다.

　10년 넘게 공부하고 꿈꾼 것들이 1초 만에 펑 터졌다. 누군가는 "너무 오바하는 것 아니냐"고 말하지만, 여드름 하나만 생겨도 각종 좋은 약과 팩을 쓰고 성형외과에서 피부 성형까지 알아보는 게 한국 사람이다. 우리나라는 나 같은 피사체를 받아들일 문화나 정서가 자리 잡혀 있지도 않다. 용기 내려 해도 다른 배우들에 비하면 내 피부는 마치 벌레 먹은 사과처럼 보였다. 화상을 입고 제일 먼저 포기한 게 배우의 꿈이었다. 대학도 자퇴했다. 혼자만의 시간을 보내며 사색하고 답을 찾으려 해도 무기력을 벗어날 수 없었다.

3대 400에서 4킬로그램으로

어느 날 피부가 나만큼, 어쩌면 나보다도 특이한 모델을 인터넷에서 발견했다. 백반증 환자 위니 할로우Winnie Harlow였다. 백반증은 멜라닌 색소 파괴로 피부에 흰색 반점이 생기는 병이다. 할로우는 흑인 유전자를 갖고 태어났지만 마치 하얀색 물감을 칠한 듯 온몸에 흰 반점이 있어 어릴 때부터 젖소, 얼룩말 같은 놀림을 받았다고 한다. 고등학교도 중퇴하고 자살 시도도 했던 그가 모델로서 주목받은 계기는 미국 모델 서바이벌 오디션 프로그램 〈도전! 수퍼모델America's Next Top Model〉에서였다. 우승하진 못했으나 그는 이후 백반증을 극복한 세계적인 모델로 유명해졌다.

무언가 머릿속을 찌릿하며 지나갔다. 내 몸의 울긋불긋한 화상 무늬가 언뜻 멋있어 보였다. 인터넷에 찾아보니 외국에서는 이미 위니 할로우 외에도 장애인 모델이 많고 인정도 받는 분위기였다. 두 다리 대신 의족을 낀 에이미 멀린스Aimee Mullins는 패럴림픽 육상 선수였으며 지금은 모델과 연기자로 활동하고 있다. 다운 증후군을 앓고 있는 엘리 골드스테인Ellie Goldstein은 18살에 구찌 모델이었다. 〈도전! 수퍼모델〉 시즌 22 우승자는 청각 장애인 나일 디마코Nyle DiMarco였다. 내 눈엔 일반 모델보다 의수를 찬 모델, 휠체어를 탄 모델이 훨씬 멋있어 보였다. 혼자만의 착각일지라도 내 화상은 나라를 지키다 다친 상처라는 점에서 자부심도 있었다. 흉터를 예술로 승화할 수도 있는데 모델의 꿈을 이대로 포기할 순 없었다.

복귀의 첫 단계로 헬스장부터 끊었다. 일반 사무직도 아니고 몸을 움직이는 모델을 목표로 하려니 부족한 점이 너무 많았다. 일단 걷지를 못했다. 처음 걸을 때가 아직도 생생히 기억이 나는데, 영화의 한 장면에서 피가 쭉 튀어나오는 것처럼 자리에서 일어나자마자 온몸을 감싼 붕대에서 피가 튀어나왔다. 계속 누워 있어 근육이 하나도 없었고 일어서기도 불가능할 정도였다. 다치기 전 몸무게가 85킬로그램이었는데 사고 이후 62킬로그램밖에 안 나갔다. 수술과 재활을 병행하면서 조금씩 좋아졌다. 걷기 시작했고 근육이 붙으면서 무거운 것도 들기 시작했다. 옛날엔 흔히 헬스장 3대 운동이라 불리는 벤치 프레스, 스쿼트, 데드 리프트를 합쳐서 400킬로그램 정도 들었으나 이땐 4킬로그램짜리 아령 드는 것도 힘들었다. 온갖 장비를 착용하고 수단과 방법을 가리지 않고 운동했다. 스키 장갑을 끼거나 스트랩을 이용하거나 보호대에 의지했다. 구체적인 목표 없이 죽어라 운동만 했던 것 같다. 그러다 지인의 소개로 만난 지금의 파라스타엔터테인먼트 대표님이, 장애인 전문 소속사에서 같이 일하지 않겠냐 하셨다.

우선 대표님도 장애인이셔서 누구보다 우리의 고충을 이해하실 것 같아 믿음이 갔다. 단순히 장애인을 고용하는 소속사가 아니라 그분의 가치관이 내 생각과 비슷했다. "언제까지 장애인이라고 무시 받고 눈치 보면서 살 거냐. 남들이 보지 못한 우리의 잠재력을 발휘하자. 나를 봐라, 다리가 없어도 25년 동안 운동하고 아이스하키로 메달도 땄다. 동정이 아닌 멋진 이미지로 장애인에 대한 인식을 개선하고 싶다." 이런 대표님의 말을 듣고 어떻게 같이 일하지 않겠는가. 대표님과 함께 모델로서의 구체적인 목표를 다시 세운 뒤, 프로필 사진도 찍고 모델 수업을 받으며 첫 단추를 끼웠다.

일터라 쓰고 전쟁터라 부른다. 처음 투입된 촬영 현장에서 하나부터 열까지 양해를 바랄 수는 없는 일이었다. 또 화상 경험자로서의 애로 사항을 말하는 순간 관계자분들의 선입견 때문에 일부러 캐스팅이 안 될 수도 있다. 나는 1분 정도 가만히 서 있으면 피부가 터질 것 같은 고통이 생겨서 몸을 움직이거나 통증 부위를 때려야 한다. 그걸 모르는 사람들에겐 정서 불안이나 건방진 사람처럼 보이기 십상이다. 최근 아르미스 게임 광고 촬영에서 남자 주인공 역할을 맡았는데 손을 펴는 장면에서 손가락 구축이 심해 다 펴지지가 않아 말도 못하고 혼자서 애먹었다. 그 장면에서만 유독 많은 NG가 발생했다. 그날은 여름 중에서도 몹시 더운 날이었는데 가죽옷을 입어야만 했다. 가뜩이나 땀 배출이 잘 안 돼 체온 조절도 힘든 데다 무거운 검을 들고 액션할 땐 피부가 찢어지고 상처가 생겼다. 화상 자국이 남은 피부가 약한 줄은 알았지만 이 정도일 줄은 몰랐다.

한번은 짧은 수영복 바지만 입고 촬영할 때였다. 수많은 카메라 스태프 앞에 섰는데 이런 일은 처음이라 당황스러웠다. 몸도 만들다 만 몸인데 보는 눈이 많아 더욱 부담스러웠다. 옷을 벗을 때도 두려움이 컸다. '이 사람들은 내 흉터를 알고 섭외한 건가?'라는 생각이 들었다. 뭐가 됐건 나는 모델로서 주어진 일을 하면 되는 거니까, 일단 일부터 하자고 생각했다. 내 몸집만 한 풍선 안에 들어가는 장면인데 거대한 풍선을 손으로 들면서 무릎을 꿇고 움직여야 했다. 화상 입은 무릎 피부가 얇아 내 몸무게에 짓눌려 뼈와 피부가 갈리는 느낌이 들었지만 참았다. 무릎뿐 아니라 살이 거의 없는 팔꿈치도 예외는 아니었다. 촬영 이후 내 팔꿈치엔 항상 상처와 굳은살이 자리를 차지하고 있다.

모델 일을 하면 이렇게 하루에도 몇 번씩 마음이 왔다갔다 한다. 작업물을 생각하면 기대에 부풀지만 솔직히 그 작업 과정이 아파서 빨리 끝내고 싶기도 하다. 흉터 때문에 배역 선택의 폭도 좁아졌다. 표현할 수 있는 범위도 훨씬 제한적이다. 하지만 다시 카메라와 수많은 스태프 앞에 서면 그 자체만으로도 내가 살아 있음을 느낀다. 모델로서 촬영 일을 다시 시작한 것도 감사하지만, 언젠가는 내면을 표현하는 배우로서 진짜 연기를 보여 줄 날을 기다린다.

장애인과 눈이 마주친다면

전역 후 3개월까지는 군대에서 치료비가 나왔다. 그 이후엔 사비로 치료를 받아야 했다. 국가 유공자가 된다면 보훈처에서 치료비를 지원받을 수 있지만 그러기까지는 너무 오랜 시간과 비용이 든다. 군대에서 일하다 다쳤다는 사실 관계와 건강 상태를 증명하는 서류를 제출해야 하고, 서류 심사와 신체검사를 받아서 부적합이 나오면 또다시 변호사를 고용하든 추가 서류를 작성하든 최소 6개월은 더 준비해야 한다. 운좋게 국가 유공자가 되어 국비 지원으로 치료를 받는다 해도, 보훈 병원이나 지정된 병원에서만 가능하고 비급여 치료는 부분적으로만 지원된다.

게다가 화상 치료 대부분은 비급여라 해도 과언이 아닐 정도로 보험 적용을 받기 힘들거나 아예 못 받는다. 남들은 미용 목적으로 레이저 치료를 받지만 우린 치료 목적으로 레이저 시술을 받아야 한다. 나는 얼굴 화상만 치료하는 데 한 회에 40만 원이 들었다. 전신 시술을 받았으면 회당 몇백만 원은 들었을 거다. 흉터는 치료 한 번으론 절대 안 없어진다. 적어도 열 번부터가 시작이라고 하지만, 그렇다고 원래대로 돌아갈 수도 없을뿐더러 효과가 드라마틱하게 나타나지도 않는다. 그래서 돈 없는 사람은 화상 치료도 못 받는다는 말도 생겨났다. 현실이 그렇다. 비용에 부담을 느끼는 많은 화상 환자들이 치료받지 못하고 그냥 살아간다.

공공장소에서 내 흉터를 쳐다보던 사람과 눈이 마주칠 때면, 서로 어쩔 줄 모를 때가 많다. 별다른 감정 없이 흉터를 신기하듯 쳐다보는 사람들이 있다. 제삼자 입장에서 눈이 가는 게 이해된다. 나 또한 화상 전문 병원에서 나보다 화상 흉터가 많은 사람을 자꾸 쳐다보게 됐다. 하지만 이런 무심한 시선도 장애인들은 부담을 느낀다. 갈 곳을 잃은 시선이 어쩌다 내게 왔다고 해도 그 또한 좋게 받아들일 수 없다. 이미 피해의식에 사로잡혀 있는 경우 시선 그 자체를 의식하기 바쁘기 때문이다.

대놓고 피하는 사람도 있다. 화상 흉터뿐 아니라 큰 점, 붉은 반점 같은 것이 있으면 사람들이 피부병이 있는 줄 알고 자리를 피하거나 거리를 둔다. 전염되지 않는데도 말이다. 대중교통 이용 시 많은 자리 중 내 옆자리에만 아무도 앉지 않는 상황이 종종 생긴다. 내가 옆에 앉자마자 갑자기 급한 일이 생겼는지 자리를 떠나는 사람도 있다. 그럴 때면 내 몸 냄새를 확인한다. '분명 씻고 향수도 뿌리고 나왔는데…….' 사람들이 나를 피하는 줄 알고 내가 자리를 떠날 때도 있다. 치료를 받고 얼굴에 붕대를 감은 채 병원 근처 카페에서 친구들과 수다를 떨고 있는데, 옆 테이블 사람들이 내 화상 흉터를 보고는 놀란 적도 있다. 혼자만의 망상인 건지 아니면 그들의 시선이

실제로 부정적인 건지 헷갈리는 것조차 스트레스다.

대견하게 봐주는 사람들도 있다. 내 흉터를 영광의 상처라고 많이들 존중해 준다. 대부분 작은 화상을 경험해 봐서인지 그 고통을 잘 알고 있어서 대단하다고 생각하는 것 같다. 하지만 그들의 말에선 존중보단 안타까움이 더 크게 느껴진다. "얼마나 아팠을까?", "이렇게 살아 있는 것만으로도 대단하다" 등의 공감을 해주시지만 이미 사고는 벌어졌고 내 몸은 망가졌다. 이렇게 평생을 살 내게 큰 위로가 되진 않는다.

그렇다면 어떻게 바라봐 주길 원하는가. 그건 나 스스로도 답을 내리지 못한 질문이다. 나조차 스스로를 어떻게 바라볼지 모르는데 다른 사람에게 날 어떻게 봐달라 말하기 어렵다. 또 장애인마다 장애의 종류와 겪어 온 시간이 다르기 때문에 단언할 수 없다. 어떤 분은 장애에 많이 적응한 분도 있지만, 어떤 분은 장애 때문에 여전히 힘들어한다. 그렇기에 시선의 정답을 내리진 못하겠다. 그건 내 영원한 숙제일 것이며 모두의 숙제가 되었으면 한다.

뭘 해야 할지 막막할 땐 모든 게 뒤바뀐 사고 날을 떠올린다. 내가 준비해 온 삶이 단숨에 무너진 것처럼, 언젠간 내 삶이 좋은 쪽으로 펑 터지는 순간도 오지 않을까. 사고 이후 더 내려갈 곳이 없다는 생각에, 그리고 두 번 사는 인생이라는 생각에 오히려 감사하다. 분장으로도 만들 수 없는 흉터가 경

쟁력이 된 두 번째 삶이다. 이젠 'K-9 자주포 사고 생존자'라
는 타이틀을 벗고 새 옷을 입는 중이다.

김종민은 영화감독이다. 세 살 때 사고로 뇌병변 편마비 판정을 받았다. 영화 한 편이 끝나면 세상이 바뀌어 있을 것 같은 기대감에 어릴 적부터 영화와 극장을 좋아했다. 회사에서 사무직으로 일하다 영화감독의 꿈을 펼치고자 퇴사 후 장규성 감독의 〈여선생 VS 여제자〉 제작부 막내 스태프로 일을 시작했다. 2012년 단편 영화 〈다리 놓기〉를 데뷔작으로 현재까지 총 10여 편의 영화를 제작 및 감독했다.

김종민의 장애는 언뜻 보기엔 드러나지 않는다. 장애인이지만 곧잘 비장애인으로 비치는 스스로를 경계인이라 칭하며 둘을 이분하는 편견을 깨고자 한다. 김종민의 영화는 주로 장애인, 여성, 이주민 등 주로 사회적 약자의 삶을 다룬다. 대표작으로 〈하고 싶은 말〉, 〈중고 거래〉가 있으며 공저로는 《우리 조금 더 행복해져도 될 것 같은데》가 있다.

두 시간의 마법이 펼쳐진 뒤

어릴 적부터 극장 가는 것을 좋아했다. 영화를 보는 것도 좋았으나 극장이란 공간 자체가 내게는 편안하고 신비로운 예배당 같았다. 극장에 들어서는 순간 우리는 두 시간 정도 가만히 앉아 눈앞 스크린에 상영되는 영화를 봐야 한다. 감독의 주제의식을 꼼짝없이 보고 들어야 한다. 어찌 보면 다소 폭력적인 공간이고, 이런 극장이란 공간을 매우 답답해하는 사람들도 의외로 많다. 나는 정반대였다. 극장은 내게 두 시간의 마법이 이뤄지는 공간이었다. 한없는 어둠이 내려앉고 온갖 영화적 상상이 펼쳐진 뒤, 극장을 나오면 세상은 마치 이전에 볼 수 없던 밝은 세계로 바뀌어 있을 것 같았다. 휴대폰을 켜면 화면이 밝아지면서 한꺼번에 울리는 알람 중 좋은 소식이 한두 개는 있을 것 같았다. 고작 두 시간, 달라진 것이 없고 아무도 변화를 못 느낀다고 하더라도 나만이 느끼는 세상의 변화가 있었다.

최근엔 이런 상상도 했다. 코로나19 백신을 맞고 부작용으로 나의 뇌병변 장애가 없어질 수도 있지 않을까? 내가 생각해도 엉뚱하지만 내겐 영화도, 극장도 이런 마법의 공간이었다. 열심히 살면 세상은 내 편이고 진심으로 누군가를 사랑하면 그 사랑은 변치 않으리라는 생각을 하게 된 바로 그 공간. 영화와 극장을 사랑할 수밖에 없던 이유다.

영화에 대한 최초의 기억은 고향 서울에서 아시안 게임이 열린 1986년으로 돌아간다. 초능력을 가진 에스퍼맨(심형래 분)이 주인공인 〈우뢰매〉 시리즈가 처음 나왔을 때였다. 당시 어머니 친구분의 남동생이 신촌 신영극장에서 일하셨다. 어머니 손을 잡고 〈우뢰매〉 시리즈를 보러 간 날 그분이 〈우뢰매〉 캐릭터들이 그려진 책받침을 무려 50장이나 선물해 주셔서 너무 행복했던 것이 기억난다. 하지만 그 행복도 잠시, 집에 오는 2호선 전철 안 머리 위 선반에 책받침을 올려 두었다가 두고 내린 것이다. 그걸 알고선 버스 안에서 내내 눈물을 주룩주룩 흘린 것도 기억난다.

그즈음엔 토요 명화나 주말의 명화 같은 영화 프로그램들을 TV에서 방영했다. 큰형은 그 프로그램들을 매우 좋아했지만 나는 이상하게 재미가 없었다. 지금 생각해 보면 어린 나이에 편집이 많이 되고 성우가 더빙한 외국 영화에 이질감을 느꼈고 이해하기도 어려웠던 것 같다. 그러다 88올림픽이 끝난 뒤 1989년, 영화와의 운명적 만남이 시작됐다. 어느 날 아버지가 'Gold Star' 금성, 현 LG전자의 VHS 비디오 데크를 사오신 것이다. 그 당시만 해도 친한 친구 다섯 명 중 집에 비디오 데크가 있던 친구는 한 명뿐이었다. 그날 아버지가 비디오 데크를 설치하는 동안 나는 동네 '영비디오' 가게로 뛰어갔다. 최신 프로그램 2박 3일 대여에 자그마치 천 원! 큰맘 먹

고 빌렸다. 화려한 액션과 남자들의 의리, 거기에 일명 '국뽕'
이라고 하는 애국심까지 자극하는 것이었다. 그땐 오후 다섯
시쯤 동네 스피커에서 애국가가 흘러나오면, 우리 같은 아이
들도 운동장에서 축구를 하다 전부 멈춰 오른손을 왼쪽 가슴
에 올리고 애국가를 제창하던 시대였다.

　　그날 비디오 가게에서 처음 대여한 영화는 바로 임권택
감독의 〈장군의 아들〉이었다. 사흘 동안 다섯 번을 돌려 보고
반납했다. 이틀 뒤 두 번째로 빌려온 비디오는 장철 감독의
〈의리의 사나이 외팔이〉였다. 이 영화를 고른 이유는 한 손만
사용하는 주인공의 상황이 나와 비슷했기 때문이었던 것 같
다. 홍콩 영화에 빠진 계기이기도 하다. 나도 장애가 있지만
이런 영화 속 주인공들과 같이 멋진 삶을 살고 싶었고, 그렇게
되리라 다짐했다.

　　중학생이 되면서부터 시간만 나면 당시 강동구 최고의
극장 천호동 한일시네마로 향했다. 이때 본 영화들은 〈천장지
구〉, 〈영웅본색〉, 〈우견아랑〉, 〈첩혈쌍웅〉 등 역시 주로 홍콩
영화였다. 주인공들은 친구와의 순수한 의리와 오직 한 여자
만을 위한 사랑을 빼면 시체 같은 느낌이었다. 세상에서 가장
중요한 가치를 사랑과 의리라고 정해 둔 것 같았고, 그것을 감
독은 영상으로 너무 잘 녹여 냈다고 느꼈다. 내가 지금도 사람
을 좋아하고 사랑하는 사람을 위해선 목숨도 아깝지 않다고

생각하는 것엔 분명 이런 영화들이 어느 정도 일조했을 것이다.

그러다 스무 살이 되는 해, 아는 누나의 소개로 서울 강서구에 있었던 '화면 속으로…' 라는 비디오 가게에서 아르바이트를 시작했다. 그해는 내가 살면서 가장 영화를 많이 본 해였다. 1년간 800여 편의 영화를 봤으니 말이다. 그중 극장에서 본 150편을 제외하면 나머지 650편은 전부 비디오테이프로 봤다.

시작은 이렇다. 비디오 가게에서 일하다 보면 "이 영화 어떠냐?", "이 영화 재미있냐?"고 묻는 손님들이 많았다. 그때는 스마트폰도 없고 인터넷도 보편적으로 사용하지 않던 시절이라 손님들 또한 정보가 많이 없었다.《프리미어》나《씨네21》같은 영화 잡지가 있었지만, 나조차 잘 모르는 잡지들을 일반 손님들이 알 리 없었다. 아무튼 손님들이 자꾸 비디오 가게에 찾아와 내게 영화에 대한 감상을 묻자, 아르바이트생으로서 이상한 프로 의식이 생겼던 것 같다. 난 손님들에게 멋지게 리뷰를 해드리기 위해 영화를 많이 보기 시작했다. 그분들은 우리 가게 사장님께 내 칭찬을 하기 시작하고, 우리 가게에 나를 찾는 단골이 생기자 신나서 더 많은 영화를 보고 그 매력에 풍덩 빠졌다.

예술 영화를 많이 보기 시작한 것도 그즈음이다. 작품

성이 좋은 영화는 무조건 비디오 데크에 넣어서 재생했다. 지금도 생각나는 영화감독은 바로 안드레이 타르콥스키Andrei Tarkovsky다. 태어나서 처음 듣는 이름이었지만 영화를 잘 만드는 유명한 러시아인 감독이라는 것이다. 그런데 막상 틀어서 본 영화는 너무 졸렸다. 전개가 너무 느리고 영화적인 이야기가 없었다. 몇 번이고 시도했지만 늘 30분을 못 넘기고 잠이 들거나 딴짓을 하는 나를 발견했다. 영화의 제목은 〈희생〉이었다. '관객의 희생이 필요한 영화구나'라는 생각이 들었다. 물론 몇몇 장면들은 아름다웠던 기억이 난다. 한밤에 물이 다 빠진 수영장 안에 어떤 남자가, 초에 불을 켜고 수영장 끝에서 끝으로 천천히 걸어가다 다시 돌아오고 다시 걸어가는 장면이 특히 그랬다. 기억에 남는 대사도 있었다. "끝없이 노력하면 결실을 얻는 법이지."

남자 주인공이 한 말이었다. 멋있는 대사였으나 역시나 끝까지 보지는 못했다. 이후 나의 시간을 더 이상 희생하고 싶지 않아서 타르콥스키 감독의 영화는 시도를 안 했다. 안녕, 타르콥스키.

충무로에 발을 들이다

영화과를 나오진 않았다. 다만 영화에 진심이었다. 시간이 날 때마다 영화를 봤고 재미있게 본 영화는 여러 번 봤다. 허진호

감독의 〈8월의 크리스마스〉, 이창동 감독의 〈밀양〉은 열 번 이상 본 것 같다. 〈조제, 호랑이 그리고 물고기들〉, 〈오아시스〉, 〈러스트 앤 본〉처럼 장애인이 주인공인 영화도 여러 번 봤다. 영화를 처음 이론으로 배운 건 세기말 1999년 한겨레 교육문화센터가 진행한 영화 연출 아카데미에서였다. 그때까지만 해도 영화를 배우고 싶단 막연한 동경이 있을 뿐 정말 영화판에 들어갈 거라곤 생각도 못 했다.

그러다 20대 초반, 여의도 소재의 한 회사에서 첫 일자리를 구했을 때였다. 처음 몇 개월은 열심히 일했으나 문득 '서른이 넘어서 영화가 하고 싶으면 어떡하지?'라는 생각이 들었다. 그때 난 내가 서른 살이 넘으면 결혼도 하고 아이도 있을 줄 알았다. 지금까지 결혼을 안 하고, 아니 못 하고 있을 줄은 몰랐다. 아무튼 꿈을 펼치지 못한 걸 나중에 후회하거나 한 가정의 가장이 된 후 내 꿈을 위해 갑자기 영화를 하겠다고 말하는 것은 무책임한 행동 같아 보였다. 그래서 '무조건 지금 영화를 시작해야겠다'고 마음먹었다. 2003년, 스물네 살이 되던 해 봄이었다.

영화판이라는 곳에 아무 인맥도 없던 터라 막막했다. 열심히 수소문한 끝에 인터넷 커뮤니티 '필름 메이커스'를 알게 됐다. 그곳의 구인란 카테고리에서 평소 내가 좋아하던 〈선생 김봉두〉 장규성 감독님의 신작을 함께 촬영할 막내 스태프 구인 공고를 발견했다. 그땐 연출부, 제작부의 개념을 몰랐다. 그냥 영화감독이라면 무조건 막내부터 시작해야 한다는 생각에 바로 지원했다. 자기소개서에 장애에 대해 모든 걸 솔직하게 적었다. 장애가 있어 한 손을 못 쓰지만, 누구보다 열심히 할 것이라고, 남들이 두 손으로 한 번 왔다 갔다 할 것을 나는 빠르게 두 번 왔다 갔다 해서라도 맡은 업무는 다 해낼 거라고. 영화에 대한 열정과 각오를 쏟아부어서 지원서를 적은 결과, 충무로로 면접을 보러 오라는 연락이 왔다.

우리나라 영화 1번지, 바로 그 서울의 충무로! 면접 장소는 '시네마 서비스' 빌딩 2층에 위치한 '좋은 영화사'였다. 좋은 영화사는 현 싸이더스FNH의 전신이자 당시 한국 최고의 영화사였기에 떨릴 수밖에 없었다. 뇌병변 장애 때문에 춥거나 긴장하면 마비가 오고 강직이 생기는 탓에 사무실이 가까워질수록 왼쪽 팔다리는 부자연스러워졌다. 건물 앞에서 기도하고 심호흡을 크게 하고 왼팔과 왼다리를 주무른 후 올라갔다.

면접관은 영화 제작팀 실장급에 해당하는 라인 프로듀서님이었다. 그런데 영화나 장애에 관한 질문은 전혀 하지 않고 요즘 어떤 책을 읽고 있는지 질문하셨다. '좋아하는 영화나 내가 가진 장애에 관해 물어보실 줄 알고 많이 준비했는데……' 순간 멍했다. 당황했던 또 하나의 이유는 그때 읽고 있던 책이 문익환 목사님 평전이었기 때문이다. 영화인 중 기독교를 좋아하지 않는 사람이 많다는 이야기를 들었는데, 이걸 말해야 하나 말아야 하나 순간 고민이 됐다. 그래도 답은 해야 하니 정신을 차리고 솔직하게 말했다. "얼마 전에《문익환 평전》을 사서 읽고 있습니다."

면접 이틀 후 라인 프로듀서님의 전화를 받았다. 합격이었다. 내가 막내로 함께할 영화는 바로 장규성 감독님의 차기작 〈여선생 VS 여제자〉였다. 며칠 뒤 바로 여수로 내려갈 수 있는지 물어보셨고, 나는 바로 '그렇다'고 대답했다. 그렇게 영화인으로서 나의 삶은 전라남도 여수에서 시작됐다.

그런데 내가 들어간 제작부는 영화감독이 되는 출발점이 아니었다. 그 사실을 여수에 내려간 지 5일 만에 알았다. 감독이 꿈이면 연출부에 들어갔어야 한다는 제작부장님의 말에 처음에는 놀랐지만, 생각해 보니 크게 상관은 없었다. 일단 총무로 영화판에 들어왔지 않나! 난 같은 제작부 동료에게 질투를 받을 정도로 열심히 일했다. 당시 장애인이기 때문에 부담이 더했다. 내가 언뜻 보기에도, 영화 선배들의 말을 들어도 총무로 상업 영화 현장에 장애인은 내가 처음이었다. 그래서 내가 여기서 일을 잘 못하면 장애인들에 대한 비장애인들의 인식이 안 좋아져 나중에 다시는 장애인을 안 뽑을지도 모른다는 생각이 들었다. 그래서 잠도 안 자고 촬영 준비를 하고,

스태프들이 원하는 것을 잘 듣고 크게 대답하며 열심히 뛰어다녔다. 비록 남들이 보기에 물리적으로 잘 뛰는 모습은 아니었겠지만 말이다.

제작부 막내는 정말 온갖 것들을 한다. 작게는 촬영 현장의 담배꽁초를 줍는 일부터 크게는 촬영물이 담긴 소중한 필름을 전라남도 여수에서 서울역 뒤쪽의 '세방현상소'까지 기차를 타고 혼자 전달하는 일들이었다. 또 영화 제작을 빠르게 진행하기 위해 조명팀, 연출팀, 미술팀 가릴 것 없이 누구든 도와야 했다. 열심히 일한 덕에 많은 사람에게 인정도 받은 나는 다음 영화에선 연출부로 일하게 됐다.

첫 연출부 생활은 김성제 감독님의 데뷔작이 될 뻔한 〈일요일 아침엔 초능력〉에서였다. 재미있는 상상을 펼친 코미디 드라마였는데, 막내 조감독으로 참여했으나 결국 그 영화는 충무로에서 흔히 쓰는 말로 '엎어졌다'. 그러나 이후에도 감독의 꿈을 이루기 위해 연출부로 꾸준히 작업에 참여했다. 화면 밖의 모든 것을 담당하는 제작부와 달리, 연출부는 화면 안에 들어오는 모든 것과 관련된 일들을 한다. 특히 영화 제작 준비 단계에서는 시나리오를 정말 많이 읽고 또 직접 썼으며, 시나리오와 연출에 관한 세미나도 매주 1~2회 진행했다. 영화 〈마음이…〉에선 연출부 막내로, 〈기다리다 미쳐〉에선 공간 미술 담당 조감독으로, 〈불꽃처럼 나비처럼〉에선 사료 고증을 위한 취재와 시나리오 각색 작업을 맡았다. 예술 영화 〈블랙 스톤〉의 프로듀서를 마지막으로 일곱 편의 장편 영화 스태프로 일한 뒤, 이제 나의 영화를 만들기로 결심했다.

나의 데뷔작은 청각 장애인 여성과 시각 장애인 남성이 주인공인 단편 독립 영화 〈다리 놓기〉다. 2000년대 초반 다양한 유형의 장애인분들과 2년 동안 먹고 자고 함께 생활하며 느낀 것들을 영화로 만든 작품이다. 청각 장애인 유진과 시각 장애인 윤환이 지하철에서 부딪쳐 서로를 오해하다 그 오해를 풀어가는 내용이었다. 영화 공모전 시나리오 부문에 당선돼 서울영상위원회에서 제작비 지원을 받고 다섯 개 영화제에 초청받아 상영하는 영광을 얻었다.

이후로도 내가 만든 열 편의 영화들은 주인공이 대부분 사회적 약자였다. 영화 〈중고 거래〉에선 비장애인 여성과 장애인 여성의 이야기를 담았고, 이주민 여성과 장애인 남성이 주인공인 〈따뜻한 독종〉을 제작하는 중이다. 지난해엔 예술인 지원 사업에 선발되어 8월부터 상영 행사 준비를 했다. 장애인이 주인공인 영화를 제작하고, 이전에 만들었던 영화들도 함께 상영하는 행사였다. 장애인분들을 관객으로 모시고 화질과 음향이 한국에서 가장 좋은, 동시에 접근성도 좋은 서울의 한 극장에서 영화를 보여 드리고 싶었다. 지원 사업에 선발된 후 바로 그 극장에 문의했고 10월 중순에 대관하기로 구

두로 협의했었다. 그러나 이후 일정 확정을 위해 다시 연락 드렸을 때 대관이 11월로 연기됐고, 대관 조건은 점점 까다로워졌다. 중간에 담당자가 바뀌었다며 여름에 문의했을 땐 말해 주지 않던 것들을 하나둘씩 말씀해 주셨다. 상영 행사를 포기할까도 생각했지만, 함께 작업한 장애인 배우분들과 그 가족들을 모시고 작게라도 상영회를 하면 그분들께도 추억이 생기고 좋아하실 것 같다는 생각에 마음이 무거웠다. 결국 대관 장소를 여의도 이룸센터로 변경하고 일정을 새로 기획했다. 이룸센터는 장애인 단체들이 모여 있는 건물로, 휠체어를 이용하는 장애인분들도 편리하게 이용할 수 있는 곳이었다. 드디어 2021년 연말, 행사에 찾아온 관객분들이 힘든 시기를 따뜻한 행사로 채워 줘서 고맙다고 하셨다. 그 말을 듣자 영화를 만들고 행사를 준비하며 쌓였던 모든 속상함이 녹았다.

장애인 사위는 결사 반대일세

어릴 적부터 사랑을 참 좋아했다. 첫사랑과는 당연히 결혼해야 한다고 생각했다. 홍콩 영화를 한참 즐겨 보던 시절, 첫사랑이었던 두 살 연상의 누나에게 반해 4년을 사랑했고 이별 이후 4년을 아무도 못 만나고 힘들어했다. 그때 나는 연극을 하는 청년이었고 첫사랑 누나는 사회의 첫발을 네트워크 마케팅, 사실상 다단계 회사에서 디뎠다. 그러던 어느 날 누나는 회사 동료를 좋아하게 됐다며 내게 이별 통보를 했다. 처음엔 이별의 이유가 내가 가난한 연극을 하기 때문이라고 생각했다. 물론 맞을 수도 있지만 그 다단계 회사에서 본인과 같은 꿈을 꾸고 한 방향을 바라보는 남성에게 호감이 간 게 아니었을까 추측한다. 그래도 4년을 사랑했는데 말이다.

이후 또 다른 사랑을 시작했지만 2년을 사랑하고 헤어졌다. 그때 나는 이제 정말 영화에 집중해 내 영화를 찍을 때가 왔다고 결심했다. 운 좋게 데뷔작 〈다리 놓기〉 시나리오가 공모전에 당선돼 제작비를 지원받았지만 부족했다. 더 많은 제작비를 확보해 더 좋은 영화를 찍고 싶어서 현대자동차 대리점에 취직했다. 직무는 신차 영업이었다. 열심히 사는 것에 대한 보상인지 또 한 번의 사랑이 찾아왔다. 교회에서 만난 사람이었는데 얼굴도 마음도 예뻤다. 나의 장애를 많이 신경 쓰지 않는 것 같아 고마웠다. 그녀를 많이 사랑하게 됐고 청혼했다. 그녀도 나와 결혼하고 싶다고 했지만, 조심스럽게 이런 질문을 덧붙였다. "오빠, 영화감독 말고 지금 하는 자동차 영업이나 다른 일 하면 안 돼?"

처음에는 매우 당혹스러웠지만, 결혼 상대에게 그런 질문은 충분히 할 수 있는 것이라 생각했다. 영화감독은 안정적이지 않은 직업이니깐. 바로 교회로 달려가 기도했다. 영화를 그만둔다는 것은 상상조차 해본 적이 없었는데도 기도를 시작한 지 40분도 안 돼서 답이 나왔다. 사랑하는 사람과 함께 가정을 이루며 사는 것보다 내게 더 가치 있는 건 없었다. 영화보다 사랑이 먼저였다. 드디어 우리는 결혼을 하기로 했다. 결혼 자금도 차근차근 모았다. 난 목표가 있으면 뭐든 열심히 하는 편이어서 그쯤 인천 지역 우수 판매 사원 즉 판매왕까지 달성했다. 우리는 결혼을 결심하고 양가 부모님께 인사를 드린 후 예비 장인, 장모님을 모시고 여행까지 다녀왔다. 결혼 허락을 받은 뒤 이것저것 준비해 예식장 예약까지 마쳤다. 대부분 그렇듯 상견례는 형식적인 것이었기 때문에 뒤로 미뤘다. 약간의 마찰은 있어도 전체적으론 순탄하게 진행되고 있었다. 상견례 전날까지는 말이다.

상견례 날짜에 맞춰 지방에 살던 여자친구 부모님께서 인천의 여자친구네 집으로 올라오셨다. 여자친구는 그날 밤 아무렇지 않게 부모님께 나의 장애를 얘기했다고 한다. 여자친구가 내 장애는 부모님께 가능한 나중에 알리는 것이 좋겠다고 해서, 그때까지 우리는 내 장애에 대해선 말을 아꼈다. 그동안 여자친구 부모님 댁을 세 번이나 방문하고, 2박 3일간 함께 제주도 여행도 다녀왔기 때문에 전혀 문제가 안 될 줄 알았다. 그러나 상견례가 끝나고 여자친구 부모님께서 댁으로 돌아가신 뒤, 여자친구에게 전화로 충격적인 이야기를 들었다. "내 두 눈에 흙이 들어가기 전까지 장애인 사위는 절대 안 된다! 결혼은 없던 것으로 해라!"

영화에서나 보던 대사를 예비 장인어른이 하셨다니 큰 충격일 수밖에 없었다. 정신을 차리고 내가 생각한 방법은 손 편지로 진심을 전달하는 것이었다. 여자친구 아버님께 진심을 담아 다섯 장의 편지를 썼다. 병원을 찾아가 장애가 있는 것 외에는 다른 건강에 문제가 없으며, 현재의 장애 또한 다른 건강에 영향을 미치지 않는다는 의사 소견서까지 첨부해서 보냈다. 최선을 다하고 싶었다. 내 진심이 닿았는지 여자친구 아버지는 마음을 돌리시고 결혼을 허락하셨다. 그런데 그런 노력이 무색하게 이제는 여자친구의 마음이 변해 있었다. 그는 내게 미안하다는 말을 남기고 갑자기 떠났다. 집 문도 굳게 잠겨 있었고 일하는 곳도 그만두었다고 한다. 마치 영화의 한 장면처럼 여자친구는 한순간에 사라져 버렸다.

'이 상황이 영화였다면 어땠을까?'라는 상상을 참 많이 했다. 영화 속 주인공 종민은 어떤 대사를 말하고 어떻게 행동했을까? 해피엔딩이면 좋겠지만 내가 좋아했던 멜로 영화의 결말은 해피보단 새드엔딩 또는 열린 결말이 많았다. 사랑이 어떻게 변하냐며 자기가 더 잘하겠다는 〈봄날은 간다〉의 소리 녹음사 '상우', 사랑하지만 사랑하면 안 된다고 생각하는 〈화양연화〉의 초식남 '차우', 외롭기를 작정한 듯하지만 그 누구보다 행복해지고 싶은 〈아비정전〉의 '아비'. 하지만 영화는 영화였을 뿐, 장애는 사랑의 트라우마로 남았다.

11년이 지난 지금, 조금씩 트라우마에서 벗어나는 중이다. 언젠간 완전히 극복할 거란 믿음도 있다. 2, 3년에 한 번씩 영화로 좋은 일이 있으면 그 힘으로 다른 새 영화를 만드는 것처럼, 연인에게 이별 통보를 받고는 아파하지만 다음 사랑을 만나면 놀랍게 회복됐기 때문이다. 물리적으로 장애가 없어지는 건 아니지만 나는 누구보다 사랑에 진심인 사람이다. 영화에서든 연애에서든 성실한 노력파인 내게 장애는 잠깐의 트라우마일 뿐 현재의 핸디캡일 수는 없다.

나의 첫 VIP 시사회

서울특별시 성동구 금호동, 남산 자락에 자리잡은 동네에서 나는 삼 형제의 막내로 태어났다. 지금은 고가의 브랜드 아파트 단지가 들어섰지만 어린 시절만 해도 정감 있는 주택들이 즐비한 동네였다. 장애를 얻은 것도 이곳에서였다. 세 살 때 일이지만 신기하게도 그날의 기억이 선명하다. 평소 나는 어머니가 빨래를 하실 때면 다 끝날 때까지 그 모습을 지켜보며 얌전히 앉아 있던 순한 아이였다. 그런데 그날은 유독 어머니랑 떨어지기 싫어서 펑펑 울었다. 마을의 교회 옆 계단에서 혼자 한참을 울던 중 머리 안에서 무언가 펑 터지는 느낌이 들며, 정신을 잃었다.

뇌병변이라고 했다. 부모님은 어린 나를 업고 여러 병원을 전전하셨다. 여러 번의 검사 후 마지막으로 입원해 치료받은 곳이 경희대학교 병원이었다고 한다. 아무래도 중증이라 마비 쪽으로 가장 유명한 병원을 가신 것이다. 사건 이후는 전혀 기억나지 않는다. 왼쪽 팔다리를 잘 움직일 수 없어 침대에 누운 채로 2년을 보낸 뒤 다섯 살이 되면서부터 조금씩 움직일 수 있었다.

뇌병변 편마비 판정을 받고 아버지는 내 장애를 고치기 위해 온갖 수단을 가리지 않으셨다. 이때부터 아버지는 용하다는 의료인, 무속인들을 찾아다니셨다. 무허가 침집도 가리지 않으셨다고 한다. 나는 매번 침집 앞에서 울며 안 들어가려고 발악했다. 그런 곳은 들어가는 입구부터 무서웠다. 마치 사이비 종교 단체처럼 오래된 건물에 위치했고 내부는 이상한 조형물과 그림들로 가득했다. 침을 놓는 할아버지도 무섭게 생긴 데다 뾰족한 대침들은 극한의 공포 그 자체였다. 어머니는 그런 막내아들이 가여워 아빠를 설득하려고 하셨고 그래서 부모님은 나 때문에 다툼도 많으셨다고 한다. 초등학교에 들어갈 무렵, 침보다 더 강력한 것까지 체험하게 됐다. 바로 영화 〈곡성〉에 나오던 굿과 같은 의식이었다. 우중충한 한복을 입은 무당 같은 여자와 꽹과리 치는 남자가 우리 집에 와서 시끄럽게 의식을 치렀고 친할머니는 내 손을 만지며 큰소리로 기도하셨다. 결과는 예상과 같이 아무 효과가 없었다.

아버지는 늘 어머니와 다른 점이 많았다. 돌아가실 때까지 그랬다. 2011년 늦가을, 데뷔작을 촬영하던 해 나는 유독 아버지와 사이가 좋지 않았다. 어머니는 친구분까지 촬영장에 데려오셔서 엑스트라로 출연해 주실 정도로 늘 우리 영화에 여러 가지 도움을 주셨던 반면, 아버지는 대체로 부정적이셨다. 예전에 아버지가 하신 말들이 내 마음속에 쌓여 묵은 상처가 되어 있었다. 아버지는 나와 화해하고 잘 지내고 싶어 하시는 듯했지만 나는 그럴 수 없을 것 같고 또 이대로가 편하다고 생각했다.

그날 밤 데뷔작 편집을 어느 정도 끝내고 드디어 최종 사운드 믹싱만 남은 상태였다. 자정을 넘겨 집 현관문을 열었을 때, 아버지는 역시 소파에 앉아 멍하니 TV만 보고 계셨다. 60대 중반으로 보기엔 너무 힘이 없어 보이셨다. 곧장 방으로 들어가자 아버지도 조용히 안방으로 들어가셨다. 나는 어머니께 편집본을 보여 드리고 싶은 마음에 다시 거실로 나와, 따끈따끈한 영화 파일이 든 노트북을 TV에 연결했다. 하지만 오늘은 피곤하시다는 어머니의 말에 노트북을 정리하기 시작했다. 그때 갑자기 아버지께서 슬며시 거실로 나오시며 물었다. "편집이 다 됐다고……?"

아버지의 혼잣말 같은 물음에 "몸도 안 좋으시니, 어서 들어가시라" 답했다. 이미 노트북을 정리한 상태였고 무엇보다도 아버지의 말투로 감상평을 듣는 것이 싫었다. 아버지는 이불 잘 덮고 자라며 조용히 들어가셨다.

이튿날 아침 화장실 문을 여는데 문이 열리지 않았다. 다시 한 번 세게 밀어 보았지만, 살짝 열렸다 다시 닫혔다. 가슴이 철렁하며 오른쪽 거실 소파를 보았는데 늘 계시던 아버지가 보이지 않았다. 있는 힘껏 문을 밀자 이내 화장실 안의 공간이 보이기 시작했다. 사이렌 소리가 들리고 곧 구급대원들이 집으로 들이닥쳤다.

최종 편집과 믹싱을 남겨 둔 파일을 DVD로 만들어 아버지 빈소의 영정 사진 옆에 두었다. 의도치 않게 많은 조문객이 나의 직업을 알게 되고, 어르신들은 내 데뷔작에 대해 얘기하셨다. 식장의 대화 소재는 자연스럽게 아버지 이야기 다음으로 내 영화였다.

삼우제가 끝난 뒤 어머니와 함께 집으로 돌아왔다. 어머니는 조용히 방으로 들어가셨지만 나는 거실 소파에 멍하니 앉아 있었다. 그러다 TV에 노트북과 스피커를 연결하고 소파 가운데에 아버지 영정 사진을 놓은 뒤 조심스럽게 영화를 틀었다. 장례식 내내 안 흘렸던 눈물이 갑자기 났다. 몸속 물기가 다 빠져나가야 멈출 것처럼 주룩주룩 흘렀다. 나의 첫 데뷔작 시사회는 아버지만을 위한 VIP 시사회였다.

아버지는 소천하시기 3년 전쯤부터 잘 걷지 못하셨고 귀도 잘 안 들리기 시작하셨다. 사람들과의 교류나 소통도 잘 안 되셨다. 우리나라의 15가지 장애 유형으로 본다면 지체 장애인이자 청각 장애인이셨던 것이다. 이 정도는 장애가 아니라고 생각해서 아버진 따로 장애인 등록을 하지 않으셨던 것 같다. 막내아들의 장애를 고치고자 그렇게 애썼던 분이 일생의 마지막은 본인도 장애인으로 산 것이다. 그러면서도 아버지는 돌아가시기 전까지 앞으로도 남은 삶을 장애인으로 살 막내아들의 밥벌이와 결혼을 걱정했다고 어머니가 말씀해 주셨다.

한국 사회는 경계에 있는 사람들을 좋아하지 않는다. 누구나 어느 한쪽이기를 강요받는다. 장애인 혹은 비장애인, 예술 영화 혹은 대중 영화. 하지만 사회에는 무수한 교집합이 있다. 나는 어릴 적부터 장애를 가졌으나 비장애인과 소통하며 살고, 아버지는 한평생 비장애인이었으나 어느 순간부터 자신도 몰랐던 장애를 겪다 소천하신 것처럼 말이다.

나는 비장애인과 장애인의 경계에 있다. 장애인은 맞지만 물리적 이동에 큰 지장이 없고 사회에서 왕성하게 활동하는 장애인이다. 장애인분들은 같은 장애인이라서 내게 마음을 잘 열어 주시고, 비장애인분들은 나를 편하게 생각하여 장애인에 대한 솔직한 감정을 얘기해 주신다. 영화감독으로 살아가고 싶은 것도 그 때문이다. 영화는 현실과 이상 사이에서 둘을 연결해 준다. 내가 생각하는 영화감독의 역할은 차갑고 냉소적인 세상에 따뜻한 감성 한 스푼 타서 균형을 맞춰 주는 것이다. 지난 20년간 장애와 비장애의 경계에 있던 내가 다른 감독들보다 가장 자신 있는 것은, 바로 이 둘을 영화 속에서 연결하는 것이다.

서영채는 모델이자 세 아이를 둔 워킹맘이다. 선천적 농인으로 서울애화학교 진학 후 장애인 취업 연계 프로그램으로 캐논코리아에 취직했다. 3년간 제품 불량을 확인하는 업무를 맡다 퇴사 후 모델 준비를 시작했다. 〈도전! 수퍼모 델 코리아 4〉 탑10까지 진출했으나 방송 이후 미디어의 관심이 줄어들며, 모 델의 꿈을 접고 전문대학에 진학했다.

서영채가 8년 만에 모델로 복귀할 수 있었던 동력은 공백기 동안 생긴 세 아이 와 남편 때문이었다. 아이들이 컸을 때, 일과 가정 어느 하나 놓치지 않는 엄마 로 보이고 싶다는 마음으로 전주와 서울을 오가며 수업 및 촬영 일정을 소화하 는 중이다. 현재 파라스타엔터테인먼트 소속 모델로 2021 서울패션위크×그리 디어스 패션쇼, 스페이드제이×양해일 디자이너 패션쇼 등에 참가한 바 있다.

서영채 ; 지금 멋있는
엄마가 돼야 하는 이유

불공평 박람회

스무 살이 되기 전 나는 어른들의 삶이 너무 궁금했다. 어른이 된 농아인들은 어떤 일을 하고 살아갈까? 내게 이야기나 조언을 해준 사람은 없었다. 그래서 내가 사회로 나왔을 땐 완전히 다른 세상이었다.

부모님은 내가 세 살일 때 인공 와우 수술을 시켰다. 인공 와우는 청각 신경을 전기로 자극해서 소리를 듣게 하는 수술이다. 말도 못 하는 세 살 어린아이에겐 잔인한 수술이지만, 나쁘게만 말하긴 어렵다. 지금 생각해 보면 일찍 수술한 덕에 청력도 어느 정도 회복했고 듣는 훈련도 많이 했기 때문이다.

특수 학교에 가면서부터 부모님과 많이 싸웠다. 다들 농아인인데 나처럼 어릴 때 인공 와우 수술을 한 친구들이 별로 없었다. 내가 특이한 사람이 된 기분이었고, 내 의견을 물어보지도 않고 부모님 마음대로 수술해버린 것이 싫었다. 게다가 부모님은 내가 어릴 때부터 수어를 금하고 소리 내어 말하는 구화 연습을 엄격하게 시켰다. 편한 수어 대신 구화로만 감정을 정하다 보니 가족은 내게 늘 어려운 존재였다.

오히려 특수 학교를 다니는 게 특별한 경험이었다. 농아인 자식을 둔 많은 부모들이 아이들을 일반 학교에 보내고 싶어 하지만, 나는 서울애화학교에 다니며 농아인으로서 자신감을 키웠다. 학교에 가서 농인 친구들과 편하게 수어로 얘기하는 게 좋았다. 초등학교부터 고등학교까지 여자친구 여섯 명과 서로 의지했고 무엇이든 할 수 있다고 생각했다. 농아인이라는 이유로 일반 학교에 들어가지 못한다면 특수 학교에 가는 것도 좋은 경험일 수 있다. 내가 만약 일반 학교에 갔더라면 소통이 어려워 우울했을 거다. 국어, 영어 같은 과목을 내게 맞는 속도로 배우는 게 좋았다. 우리는 수영도 배우고 도예도 배우고 스케이트도 배웠다. 새로운 과목도 기회가 생기면 언제나 해보고 또 해볼 수 있어서 난 '뭐든 할 수 있구나'라고 생각했다. 나와 같은 농아인 친구들과 대화하며 다녔으니 사회에 대해선 전혀 모르고 살아왔다.

스무 살이 되며 가장 먼저 실현해야 하는 것은 혼자 소통하는 것이었다. 어릴 때부터 부모님과 대화하며 비장애인의 존재를 알았지만 만날 기회는 없었다. 일반 사회에서 소통하는 방법이 너무 적었다. 그 방법을 내가 알아서 찾고 파악해야 했다. 어떤 사람의 얼굴과 행동을 보면 적어도 사악한 사람인지 배려 있는 사람인지 귀찮은 사람인지 파악할 수 있다. 분위기가 강한 사람은 건드리지 않는다. 새로운 사람을 만나는 건 압박이고, 낯선 사람에게 바로 적용해 대화하기 쉽지 않다. 통일된 성격이 아니라 다양한 성격을 가진 사람을 만나면 농아인은 쉽게 상처받을 수 있다. 소통하고 대화할 기회가 없으니 알아서 해결해야 했고, 새로운 사람을 만날 때마다 많이 조심했다.

고등학교 졸업 후 먹고살기 위해선 돈이 있어야 한다고 들었다. 그런데 일자리의 폭이 넓지 않아서 마음이 많이 아팠다. 농아인에게 제일 어려운 건 원하는 일을 하는 것이다. 사실 원하는 일이 아니라 어떤 일이든 농아인은 쉽게 구하지 못한다. 장애인을 위한 일자리 박람회에서 농아인 직업 중 소리와 관련된 직업은 없었다. 몸 관련 직업만 많았다.

캐논코리아에 쉽게 합격할 수 있던 건 국가 지원 프로그램 덕이었다. 우리 학교와 장애인 직업 훈련 프로그램이 연결되어 있었다. 합격 후 3개월 교육을 받은 뒤 정직원이 됐다. 내가 맡은 일은 캐논 프린터 본체에 기스가 있는지 없는지, 하루에 300개가 넘는 제품을 검사하는 일이었다. 한 사무실에 농아인이 서른 명 이상 있고 농아인을 위한 통역사가 있어 대화도 편했다. 하지만 농아인들과만 수어로 대화하는 것이 농아인의 삶일까? 돈을 벌기 위해 할 수 없이 다녔지만 이 삶은 마음이 편하지 않았다. 원하지 않은 일을 하는 게 무서웠다. 기계처럼 무던한 삶을 사는 것이 좋지 않았다. 고등학생 때 하고 싶었던 모델을 다시 해볼까? 아직 늦지 않았으니 도전할까? 입사 3년 반쯤 되었을 때 그만뒀다.

표정으로 읽는 마음의 기술

고등학생 때 학교 강당에서 작은 패션쇼에 섰다. 주변에 농아인 디자이너 언니가 모델을 권유해서 무대에 서게 됐다. 처음엔 부담스러웠지만 하얗고 긴 드레스를 입고 하이힐을 신고 걷는 연습이 재밌었다. 캐논코리아에서 반복적인 일만 하다가 무대 위에서의 기억을 떠올리면 마음이 설레었다. 내가 모델이 될 수 있을까? 촬영장에서 나오는 음악을 작게는 들을 수 있고, 코치님 말을 듣지 못해도 수어로 말하면 문제없다고 생각했다.

　　퇴사 후 유명한 모델 학원을 직접 찾아갔다. 학원에선 안 된다고 했다. 농아인을 어떻게 가르쳐야 하는지 모르겠다는 느낌인가? 이유를 말해 주진 않았다. 현실이 마음 같진 않았다. 다른 학원도 몇 군데 돌아다녔는데 모두 거절했다. 마지막으로 찾은 곳이 에스팀 모델 아카데미였다. 하루만 모델 수업 프로그램에 참여해 보고, 계속할 수 있는지 없는지를 학원 선생님들이 판단하겠다 했다. 일일 모델 수업을 체험하고 워킹했는데 결과는 1등이었다! 수강료도 50퍼센트를 할인해 주셨다. 학원에 등록하고, 3개월 동안 통역사 없이 모델 수업을 들었다. 춤, 패션 이미지, 워킹, 사진 표정 등을 처음으로 연습했다.

　　찾아보니 세계 농아인 모델 대회가 있었다. 하지만 거기서 상을 탄다 해도 보람을 느끼지 못할 것 같았다. 비장애인과

겨루는 대회에 나가고 싶었다. 친한 통역사분과 함께 〈도전!
수퍼모델 코리아 4〉 오디션에 도전했다. 그분은 그분 나름의
통역 오디션, 나는 내 모델 오디션이었다. 서류를 쓸 때, 얼굴
정면 사진을 사용하는 게 너무 지겹게 느껴졌다. 그래서 누가
내 머리카락을 옆에서 잡아당기고 나는 아파하는 표정으로
찍었다. 오디션 때 다섯 시간이나 대기하다 들어갔는데, 심사
장에 들어가니 너무 많은 참가자들을 대한 뒤 지친 심사 위원
들이 나를 기다리고 있었다. 구화를 할 수는 없으니 수어로 연
기했다. 숫자 수어를 보여 주며 어떻게 하는 건지 가르쳐 드렸
더니 다들 좋아하셨다. 며칠 뒤 합격 전화가 왔다.

첫날 촬영장 공기 냄새는 너무 차가웠다. 용기 있어야
버틸 수 있는 직업 같은데 '농아인은 얼마나 버틸 수 있을까'
라는 생각이 들었다. 합숙하러 들어갈 때 제일 걱정했던 부분
은 통역이었다. 처음 보는 통역사와 호흡하기 어려웠다. 낯선
포토그래퍼와 사진을 찍을 때마다 가장 어려운 것이 언어 전
달이었다. 사진 작가마다 말하는 표현이 달라서 파악하기 어
려웠다. 통역사의 눈치를 보고 분위기를 잡는 게 힘들었다. 내
의견을 빠르게 전달하는 것에 서툴렀다. 뭐가 맘에 들지 않을
까? 포즈? 아니면 표현? 알 수 없는 분위기였다. 어떤 스타일
을 원하는지 알려 주지 않고 어떤 포즈가 어울리는지도 옷 디
자이너분과 미리 얘기하거나 알아서 표현해야 했다.

농아인의 장점은 눈치 빠르게 움직이는 것이다. 수어를 자주 쓰니 다른 사람의 표정만 봐도 어떤 생각을 하는지 알 수 있다. 다른 모델의 워킹을 보고 음악을 추측해 따라 할 수도 있다. 자연스럽게 워킹, 강하게 워킹, 조용히 워킹, 차분히 워킹. 패션쇼를 할 때 나는 소리가 아닌 진동을 듣는다. 음악 소리가 내겐 박자처럼 들린다. 느린 느낌과 빠른 느낌이 있다. 손으로 탁자나 물건을 만질 때 각각 느낌이 다른 것처럼 내겐 소리가 모두 다른 느낌이다. 전자 음악의 활발한 박자와 한국 전통 음악의 조용한 박자가 내겐 모두 다르다.

사람들은 왜 농아인은 소리와 관계된 일을 할 수 없다고 생각할까? 농아인마다 소리를 다르게 듣는 것이지 못 듣는 게 아닌데 말이다. 나는 인공 와우 보청기를 끼면 내가 아는 소리가 나왔을 때 무슨 말인지 40퍼센트 정도 파악할 수 있다. 모르는 소리일 때도 상대방의 입 모양에 집중하면 절반은 읽을 수 있다. 비장애인들은 사람 성격에 따라, 말하는 상황에 따라 말투와 속도와 강도가 다르다. 농아인도 마찬가지다. 환경과 훈련 정도에 따라, 농아인도 소리를 들을 수 있다. 게다가 모델에게 중요한 것은 소리보단 포즈다. 팔과 다리만 있으면, 카메라 앞에서 움직이고 사진 찍히는 데엔 문제가 없었다.

8년의 유랑, 다시 모델로

〈도전! 수퍼모델 코리아〉에선 중도 탈락했지만 모델을 그만 두고 싶진 않았다. 매일 새 사진을 찍고 새 포즈를 배우는 게 재밌었다. '내가 모델을 할 수 있네?'라는 생각이 들자, '앞으로도 모델 일을 할 수 있을까?'란 생각도 들었다. 통역사만 있다면 괜찮을 것 같았다.

그래서 제안이 들어오길 기다렸다. 높은 단계까지 갔으니 다른 곳에서도 모델 제의가 많이 올 줄 알았다. 하지만 고작 세 군데에서 연락이 왔다. 그보단 많이 올 줄 알았다. 한국은 장애인에게 관심이 없는 걸까? 아니면 바보처럼 흥미로울 뿐일까? 아무리 생각해도 현실에서 모델로 일하는 건 쉽지 않았다.

세 군데 중 한 군데가 쇼핑몰이었다. 일을 시작했지만 쇼핑몰은 옷을 판매하는 곳이니 사진의 중심도 사람이 아닌 옷이었다. 과감한 포즈는 없고 자연스러운 포즈만 하는 게 너무 딱딱했다. 카메라를 의식하지 않고 자연스러워야 하는 것도 어려웠다. 촬영 전에 사진 작가와 디자이너가 어떤 사람들인지 먼저 파악해야 했다. 디자이너의 경우엔 그래도 스타일이 있으니 쉽게 파악할 수 있는데 사진 작가의 경우 매일 화보의 분위기가 달라 어려웠다.

3개월간 일한 뒤 그만뒀다. 조금 더 기다렸지만 이후론 정말 아무에게게도 연락이 없었다. 내가 뭘 할 수 있을지 몰라서 여행을 떠났다. 미술 전시회, 예술 박물관을 구경 다니고 바다도 보러 다녔다. 여행 중 농아인 모임에서 만난 사람과 연애도 시작하고 남자친구의 응원으로 대학에 도전했다. 초등학생 때 배운 비즈 공예로 액세서리를 만드는 취미가 있던 나는 주얼리디자인과에 지원했다. 다행히 장학금 신청에 선발되어, 드디어 나도 대학이란 곳에 입학했다.

취업 시장과 달리 대학에선 대부분의 학생에게 통역사를 지원해 줘서 좋았다. 취미가 일이 되면 재미가 없어진다는데, 나는 액세서리 만드는 일을 업으로 삼아도 여전히 재밌었다. 그런데 학교생활 1년 차, 남자친구와 실수로 속도위반을 해서 임신했다. 소중한 임신이지만 첫 임신이라서 너무 혼란스럽고 첫째 아기가 생기자 마음이 무거웠다. 게다가 마음 한 구석엔 여전히 모델 꿈이 있었다. 지금은 액세서리 만드는 게 재밌지만 나중에라도 누구에게 연락이 오지 않을까 불안했다. 그런데 남자친구가 모델 제의가 오면 내가 아기를 봐줄 테니 무조건 가라고 응원해 줬다. 대학도 마치고 싶고, 아이도 키우고 싶고, 사랑하는 사람과도 더 지내고 싶었다. 누가 보기엔 욕심일 수 있겠지만 무엇 하나 놓치고 싶지 않았다.

출산 후 1년 동안 육아 휴학을 한 뒤 학생으로 복귀했다. 대학을 다니며 둘째도 임신했고, 졸업 후에 셋째까지 생겨 우리 집은 정말로 북적북적하게 됐다. 세 명의 아이와 정신없이 시간을 보내며 육아에 집중해서 살았다. 대학생 때까지만 해도 나는 여전히 모델 제의가 없어 마음이 무거웠던 것 같다. 그런데 사랑하는 아이들이 셋이나 생기니 그런 우울함은 모두 사라졌다. 아이들이 너무 어려서 바로 주얼리와 관련된 직장에 취직하는 것도 어려워, 육아에 집중하는 주부로 살기로 했다. 아이들이 불안해하지 않도록 아이들이 충분히 자라고 초등학교에 입학하면 천천히 직장을 갖기로 남편과 결정했다.

그런데 어느 날 소속사에서 모델 제의가 왔다. 〈도전! 수퍼모델 코리아〉 영상을 보고 연락했다고 말했다. 많이 당황하고 고민됐다. 아이들이 아직 3살, 5살, 7살로 어렸기 때문이다. 엄마의 도움이 필요한 나이다. 일주일 정도 혼자 끙끙 앓다 남편에게 고민을 털어놨다. 농아인에겐 더욱 쉽게 찾아오지 않는 인생의 기회였다.

모델 복귀를 결정한 것은 너무 사랑하는 아기들 때문이었다. 마음속 깊이 아이들에게 부끄럽지 않은 엄마가 되고 싶다고 생각했다. 지금 불안하지 않도록 아이들 옆에 함께 있어주는 것도 중요하지만, 나중에 아이들이 컸을 때 '우리 엄마는 멋있는 사람이다'라고 생각하면 기쁠 것 같았다. 그렇게 8년 만에 모델로 복귀했다.

몸 상태부터 회복해야 하는데 오랜만에 운동하는 게 어

려웠다. 아이 세 명의 엄마가 되니까 몸의 변화도 컸다. 예전 몸매로 다시 돌아갈 수 없다는 현실부터 인정하고, 천천히 운동하기로 했다. 출산 후 체질도 체질이지만 육아와 일을 병행하는 게 힘들었다. 일자리 장소에 가려면 매번 장거리 여행을 해야 했다. 새벽 5시에 일어나서 서울행 KTX 기차를 예약하고, 서울역에 도착해서도 지하철 1시간 거리에 있는 스튜디오로 이동했다. 저녁이면 다시 전주로 돌아와 아이들을 봐주는 것이 큰 체력 소모였다.

남편에게 육아를 맡기는 것도 걱정스러웠다. 남편이 할 수 있다고 자신 있게 말했지만 아이들을 맡기는 게 처음이라서 불안했다. 서울에 일하러 오면 남편이 아기들을 세수시키고 아침을 차려 주고, 외출복을 입혀 등원까지 마친 후 일을 나갔다. 오후에 퇴근 후 남편이 집에 도착해서 아기들과 잘 있다며 사진을 보내면, 서울에서 일하던 나는 그때서야 안심했다.

체력은 바닥이었지만 오랜만에 활동하는 게 기뻤다. 이때까지 잊고 지낸 자존감을 다시 찾은 것 같았다. 2021년 박윤희 디자이너의 그리디어스Greedilous 의상을 입고 패션쇼 촬영을 했다. 오랜만에 패션쇼라 어색했지만 클럽 같은 공간에서 춤추는 분위기라 자유롭게 촬영했다. 작년엔 양해일 디자이너의 해일HEILL을 입고 2021 미스 수퍼 탤런트Miss Super Talent

패션 위크에 참여했다. 갑자기 생긴 아이들과 시간을 보내느라 잊고 있었던 8년 전의 꿈이 되살아나는 기분이었다.

최근 코로나 때문에 작업 제의가 많진 않지만 오히려 초심자 입장에서 배우고 있기 때문에 모델 일은 끝없이 새롭게 느껴진다. 내가 그랬던 것처럼, 많은 워킹맘이 걱정할 것이다. '내가 밖에서 이럴 게 아니라 집에서 아이와 더 많은 시간을 보내야 하지 않을까', '다시 오기 힘든 아이와의 시간을 이렇게 놓치면 아이들이 너무 속상해하지 않을까'. 나도 모델 일을 하지 않을 땐 스스로를 완전히 가정주부라 생각하고 모델 일은 이제 내가 할 수 있는 영역 밖이라고 생각했다. 다시 잡은 꿈이 행복하면서도 아이들이 너무 어린데 내가 일찍 취직해버린 것 같아서 잘한 선택일지 걱정이 많이 들었고 지금도 그런 걱정은 태산이다. 하지만 여기까지 오길 잘했다고 스스로를 믿을 때가 많다. 가만히 있었더라면 아무도 농아인 모델은 찾지 않았을 것이기 때문이다.

예의 바른 만큼 차갑다

비장애인들 중에서 매번 농아인을 배려해 소통하는 사람은 별로 없을 거다. 차분한 사회 같다. 가만히 예의 바른 것은 쉽다. 하지만 적극적인 것은 어렵다. 나는 항상 먼저 적극적이어야 한다. 종이에 써서, 핸드폰 자판으로 쳐서 물어보기도 하고 몸짓으로 표현도 한다. 사람마다 알아보는 사람이 있고 아무리 해도 못 알아보는 사람이 있다. 그러나 생각도 말도 사람의 것이다. 어떻게든 전달할 수 있을 거라는 생각으로 노력한다.

성인이 되어 사회에 나왔을 때 부모님 도움 없이 혼자 대화하는 것이 충격이었다. 대화하려면 통역사가 필요하고, 통역사를 구하려면 돈을 내야 한다. 나는 스무 살 때 통역사를 구해야 하는 것 자체를 몰랐다. 어디에 전화해야 하는지도 몰랐고 다른 사람에게 피해 주고 싶지 않아서 통역사를 안 불렀는데, 시간이 흐르며 통역사 없이 소통하는 게 힘들었다.

처음 모델 학원을 알아볼 때였다. 한국동시통역센터 규정에 따르면 농아인을 위해 통역사를 구하는 것은 학원 책임이라지만 나를 위해 통역사를 구해 준 곳은 없었다. 학원에 문의하자 학원 측에선 이런 상황이 처음이라서 모르겠다고 하셨다. 대학은 교육부에서 지원금을 받아 장애 지원 센터를 운영하고, 근로자는 고용노동부에서 활동 보조인을 지원해 주는데 학원은 아무런 국가 지원이 없다. 당시 한국동시통역센터 기준으로 강연 및 세미나 통역은 시간당 7만 원이었다. 통역비뿐 아니라 통역사의 왕복 교통비도 내야 한다. 통역비 얘기를 꺼내자 아무도 농아인 학생을 뽑으려 하지 않았다. 잔인하다고 느꼈다.

지역 농아인 회원증이 있으면 경찰서나 병원, 동사무

소, 구청에서 무료로 통역사를 부를 수 있다. 하지만 학원으로 부를 순 없었다. 요리 학원을 다닐 때 선생님이 빠르게 말하면 입을 읽을 수 없었다. 중요한 내용만이라도 통역해 주시면 얼마나 좋을까? 같이 공부하던 친구가 도와줬지만 친구 공부에 방해가 될 것 같았다. 그럼 내가 스스로 공부해야 하나? 농아인들은 학원비도 내고 통역비도 내야 하나? 결국 통역사 없이 수강한 요리 학원 수업은 보람 없이 끝났다. 돈 때문에 농아인들은 많은 배움의 기회를 놓친다.

대학에선 통역사 지원이 문제 없었다. 정부 지원금이 나오기 때문이다. 문제는 통역사의 실력이었다. 만나는 통역사마다 실력이 달랐다. 내가 배운 과목의 전문 용어를 많이 아는 통역사는 없었다. 주얼리디자인과에서 배우는 보석은 종류에 따라 이름이 다 다른데 수어는 기호와 같아서 그걸 표현하지 못한다. 그리고 그때그때 빠르게 표현하기도 어렵다. 교수님이 말씀할 때마다 통역사가 전달해 주는 걸 잘 봐야 하는데 교수님이 빠르게 말할 때는 통역사가 표현할 시간도, 내가 그걸 읽는 시간도 부족했다.

공부하러 대학에 오는데 통역사 실력이 부족하면 전문대학 2년 동안 우리의 공부는 손해를 입는다. 그래서 통역사를 바꿔야 한다고 말했는데 학교에선 어떤 상황인지 잘 모르고 넘어갔다. 그러다 한 선생님과 함께 대학교 교무처에 찾아갔다. 교양 과목은 중요한 용어가 없기 때문에 실력이 부족한 통역사도 괜찮지만, 필수 과목의 경우 실력 있는 통역사를 고용해야 한다고 여러 번 말했더니 통역사를 바꿔 주셨다.

비장애인은 통역에 대하여 몰라도 너무 모른다. 일상생활에서 쓰는 기본적인 수어와 공부할 때 쓰는 수어는 분명한 차이가 있다. 영어를 빠르게 전달하는 통역과 같다. 예를 들어 회사에 중요한 외국인 고객이 왔을 때 생활 영어가 가능한 초보 통역사를 고용하는가? 회사 거래에서 손해를 보면 안 되지 않나? 실력 있는 통역사를 원하는 건 농아인 학생들도 마찬가지다. 통역사를 먼저 만나서 이야기 해보고 실력이 어느 정도인지를 알고 시작하면 좋겠다.

아니면 일반 수어 수료식을 마치고 농아인 수어 수료식을 한 번 더 받으면 좋겠다. 일반 청각 장애인들이 쓰는 수어와 농아인의 수어는 완전히 다르다. 일반 수어는 국어책을 읽을 때 문자 그대로 표현하지만 농아인 수어는 모든 글자를 표현하지 않고 요약해서 표현한다. 일반 수어로 내게 말하면 아무리 좋은 통역사여도 나는 이해하지 못한다.

내 첫 직장 캐논코리아는 농아인을 위한 회사 같았다. 농아인들이 서른 명 이상 있고 통역사 직원도 한 명 있었다. 문제가 생기면 바로 통역사를 불러 빠르게 해결하기 좋은 환경이었다. 하지만 대기업이 아닌 회사에 가면 통역사가 없어 혼자 힘으로 소통하기 어렵다. 〈도전! 수퍼모델 코리아〉 최종전에서도 통역사가 아예 없어서 구해야 한다고 말씀드렸다. 농아인은 본인에게 익숙한 단어나 문장으로만 말한다. 처음 보거나 자주 사용하지 않는 단어, 특히 감정을 표현하는 단어를 설명하기 어려웠다. 그래서 농아인 스스로 말할 때와 통역사를 통해서 말할 때 차이가 난다. 내 말을 듣고 촬영 때마다 통역사분을 초대하는 게 기뻤지만 촬영장에서 통역사는 저 멀리 있어서 잘 보이지 않았다. 왜 뒤에서 멀리 통역하는지 이상했다. 미국의 유명한 농아인 모델 나일 디마코Nyle DiMarco가 생각났다. 그가 촬영하는 장소엔 늘 바로 옆에 통역사가 있었다. 내가 촬영할 때는 통역사가 스크린에 잡히면 이미지가 안 좋아지니 일부러 멀리 떨어트린 건가? 아니면 사람들은 그 자리가 내게 불편하다는 걸 몰랐을까? 외국인을 인터뷰할 땐 통역사를 바로 옆에 두지 않나? 만약 그때 촬영을 중단하고 당당하게 내 입장을 말했으면 상황이 달라졌을까? 결국 탈락한 대회지만 너무 늦게 깨달았다.

어릴 땐 어른이 되면 자연스럽게 구화를 할 수 있을 줄 알았다. 하지만 지금도 말할 수 있는 단어가 몇 개 없다. 들을 때도 오해가 많다. 사용하지 않는 익숙하지 않은 단어를 말할 땐 정확하지 않다. 나는 그래서 대화할 때 구화와 수어를 섞어서 말한다. 입으로 말하는 동시에 손으로 말하는 농아인이다.

스무 살이 되어 처음 사회로 나왔을 때 나는 완전히 다른 세상에 온 것 같았다. 그때처럼 나는 미래가 두렵다. 내가 아직 겪지 못한 삶, 낯선 세상이 또 있을까? 끝없이 있을 것 같다. 누구한테 도움을 구할 수 없다면 혼자라도 세상을 배워야 할 것 같다. 일반 사회에서 농아인은 불편하지 않게 그대로 사는 건 불가능하다. 눈치 있게 살아야 한다. 그게 내 장점이기도 하다. 나는 예쁜 옷을 입고 사진 찍는 모델 일이 좋다. 하지만 아무도 가보지 않은 길을 먼저 가보는 모델도 되고 싶다. 꿈을 보여 주지 못한 농아인들에게, 아직 다가온 사람이 없다면 우리가 먼저 다가가자고 말하고 싶다.

고연수는 웹툰 작가이자 일러스트레이터다. 2020년 사고로 척수 장애를 얻은 뒤 재활 병원에서 만화를 그리기 시작했다. 병원에서 겪은 일화들과 치료 과정을 담은 인스타툰 〈연두의 재활일기〉로 화제를 모았다. 장애인 예술 매거진 《E美지》, 《WHEEL》 등에서 만화를 발행했으며 간병인 매치 플랫폼 '케어네이션'에서 브랜디드 콘텐츠를 연재한 바 있다.

고연수는 장애를 '누가 어떻게 갖게 될지 모르지만, 누구에게나 함부로 일어나서는 안 되는 일'로 정의한다. 사고를 기점으로 전혀 다른 분야에 도전하며 스스로의 장애와 일과 삶에 대한 답을 찾는 중이다. 현재는 재활이 아닌 일상을 그리는 〈연두툰〉 연재를 이어 가고 있으며 2022 한국장애인개발원 소속 장애 인식 개선 교육 강사로 위촉됐다.

고연수 ; 언제 누구에게
찾아올지 모르는

모든 일상이 관계로 이루어지다

살아가면서 '곧 사고나 질병으로 인해 장애를 갖게 될 것이니 주의하라!'고 미리 알림을 받는 사람이 있을까? 아마 없을 것이다. 누가 어떻게 갖게 될지 모르지만, 누구에게나 함부로 일어나서는 안 되는 일. 그것이 장애라고 생각한다.

사고 전 누구보다 건강했다. 웬만한 잔병치레도 없었고, 스피닝이나 줌바 댄스 같이 격한 운동도 나름 즐겨 했다. 그래서였을까? 사고로 갈비뼈, 흉골, 척추, 골반이 골절되고 척수 손상으로 하반신이 마비돼 스스로 움직일 수도, 뒤척일 수도 없는 경험은 나에게 큰 충격이었다. 그 결과로 1년 넘게 병원 생활을 할 것이라곤 더더욱 상상하지 못했다.

눈을 떴을 때는 이미 중환자실이었고, 먹고 씻고 싸는 모든 행위가 간호사분들에 의해 이루어졌다. 물을 마시고 밥을 먹는 행위가 타인에 의해서만 가능하다는 점 때문에 마음이 불편했다. 며칠 동안 씻지 못해 몸이 찝찝했고 힘겨워하는 사람들의 소리가 옆에서 계속 들려 무서웠다. 무엇보다 통증이 엄청났다. 가만히 있으면 괜찮지만, 욕창을 방지하기 위해서 30분마다 자세를 변경해야 했다. 베개를 몸 사이사이에 끼워 넣고, 억지로 몸이 굴려질 때마다 몸 전체가 아릿아릿했다. 코에는 산소가 계속 뿜어져 나오는 산소 줄을 매달고 있었다. 부모님께는 먼저 전달했을지 모르지만 의료진은 내 하반신이 마비된 걸 당장 말해 주진 않았다. 나도 몸 전체가 아픈 느낌이라 마비된 걸 몰랐다. 내 몸이 마비됐다는 것을 나중에야 알았을 때, 이 상황이 절망스러워 모든 것을 내려놓고 싶었다.

그래도 시간은 흐른다. 2주간의 중환자실 생활을 마치고 일반 병실로 내려가자 아프고 힘들어하는 소리가 옆에서 들리지 않는 것만으로도 마음이 한결 편안했다. 어차피 내가 할 수 있는 일은 없고 이 상황을 마주해야 한다는 것을 어느 정도 받아들인 상태였다. 엄마도 2주 만에 만났다. 그 사이 많이 수척해진 엄마를 보는 게 힘들었다. 딸의 이야기를 소식으로만 듣고 속을 끓였을 엄마의 마음이 편했을 리 없다. 서로 많이 의지하지만 따뜻한 말을 주고받기보단 장난을 많이 치고 투닥거리던 엄마였기에, 오랜만에 만나서도 장난부터 쳤다. 사고 후 달라진 게 있다면 내 몸뿐이었다.

병실에서 가장 중한 환자는 나였지만 가장 젊은 환자도 나였다. 젊음이 원동력이었는지 나는 회복 속도가 남달랐다. 예정대로면 몇 달은 기다렸다가 진행하는 2차 수술을 앞당기고 무사히 마친 뒤 일반 병실로 내려왔다. 통증을 잘 참는 편인데도 진통제를 매일 맞았다. 진통제가 워낙 강력해서인지 한동안은 입에서 진통제 맛이 날 정도였다. 수술은 잘 됐는지, 골절된 부위가 붙었는지 보기 위해 거의 매일 엑스레이를 찍어야 했는데 몸을 움직일 수 없어 침대째로 이동했다. 워낙 자주 이동하니 대형 병원인데도 침대를 옮기는 이동사원분들과 친해질 정도였다.

주변 사람들이 보기에도, 내가 보기에도, 의사 선생님이 보시기에도 내 몸은 많이 좋아졌다. 곧 재활 병원으로의 전원을 준비하기 시작했다. 종합 병원에도 재활의학과가 있지만 대부분 2주 정도만 재활 환자를 받고, 그 이후엔 재활 병원으로 전원하도록 권하기 때문이다. 재활 병원의 운동은 종합 병원에서 받던 치료와 차원이 다르기 때문에 마음을 단단히 먹어야 한다는 주의를 들으며, 나는 상황이 조금 더 나아진다는 기대감을 안고 재활 병원으로 이동했다.

괜찮다 싶으면 터지는 문제들

재활 병원에 도착한 첫날, 또 다른 새로운 세상에 떨어진 느낌이었다. 우선 시설 면에서 종합 병원에 비해 정말 열악했다. 한 방에 있는 인원은 환자 여섯 명에 간병인 여섯 명으로 총 12명이나 됐고, 병원 규모도 작았다. 첫날부터 시작한 치료들도 생전 처음 보는 것들이었다. 환자들의 하루는 학교처럼 매일 오전 9시부터 오후 5시 40분까지 몇 번의 쉬는 시간을 제외하고는 계속 치료 일정으로 차 있었다.

모든 행동은 간병인과의 관계를 통해 이뤄졌다. 머리를 한 번 더 감기 위해, 조금 더 쾌적한 생활을 하기 위해서는 부탁과 돈이 필요했다. 생활의 모든 부분이 경제적으로 연결되는 것이 좋은 경험은 아니었다. 간병인을 잘못 만나면 더 그렇다. 한 간병인은 우리 집의 경제 사정이 좋지 않음을 소문내고, 다른 환자들과 내가 소통하는 것을 막았다. 같은 방 환자분들이 내게 정보를 주려 말을 걸었을 때, 그 말을 듣지 말라며 방 사람들과 싸움을 벌이기도 했다. 다행히 금방 소문이 퍼져 간병인이 교체됐지만 나의 모든 일상을 부탁하던 사람과 껄끄러웠던 기억은 지금 생각해도 아찔하다.

좋은 간병인도 여럿 만났다. 요새는 인력난이 심해 간병인분들이 중국에서 오시는 경우가 많다. 처음 중국인 간병인을 만났을 땐 소통이 걱정됐는데, 막상 함께한 생활은 재밌고 신선했다. 그분들을 만나지 않았더라면 옥수수 면으로 요리한 국수나 양배추로 담근 김치, 수박의 흰 부분으로 담근 수박 김치 같은 건 평생 먹어 보지 못했을 것이다. 생활 중국어도 가르쳐 주시고, 내 몸이 좋아지는 과정을 볼 땐 나와 함께 기뻐해 주셨다. 어떻게 보면 불편할 수 있는, 하루 종일 계속되는 인간관계가 갈수록 편해지고 정드는 것이 낯설었다.

처음 사고가 나고 6개월까지를 '급성기'라 한다. 이때 가장 많은 회복이 이루어진다는데 나 역시 그 시기 동안 많은 변화를 보였다. 들썩이는 것만 가능했던 무릎에 힘이 돌아오기 시작했고, 침대 난간에 앉아 발을 들어 올릴 수 있었다. 어느 날은 정말 잠깐이긴 했지만 침대를 잡고 갑자기 서는 경험도 해서 깜짝 놀랐다. 그렇게 처음엔 워커[1], 그다음엔 보행기 같은 기구를 타고, 그다음엔 네발 지팡이, 그다음엔 한발 지팡이를 잡고 걷는 연습을 했다. 하루하루를 보면 달라진 것이 없는 듯했지만, 크게 보면 조금씩 진전이 있었다.

갑작스레 신체적 불편함을 겪게 된 환자와 보호자들은 대부분 예민하고 까다롭다. 그런데도 치료사 선생님들은 매일 이들에게 "할 수 있다", "잘하고 있다"고 응원해 주셨다. 더구나 내가 만난 치료사분들은 모두 내 나이 또래라서 친해지기 쉬웠고, 편해서 자주 만나게 되는 친구 같았다. 병원 내 사람들끼리 친해진다는 것은 사고 전까진 내가 전혀 몰랐던 세계였다. 매일 같은 시간에 웃는 얼굴로 맞아 주던 치료사분들이 아니었다면 이 기간을 버티기 힘들었을 것이다.

하지만 과거에 겪었고 현재도 겪고 있으며 앞으로도 겪을 가장 큰 불편함을 꼽으라면 배변 문제일 것이다. 하반신이 마비되면서 장기도 함께 마비되어 대소변을 스스로 볼 수 없었다. 소변의 경우 소변줄을 달았고, 대변은 좌약을 넣어서 빼야 했다. 그리고 기저귀를 해야 했다. 기저귀라니! 나이 서른이 다 돼서 기저귀를 차고 있는 것에 자괴감이 들었다. 그러나 이 자괴감은 시작이었을 뿐이었다. 재활 치료를 하며 조금이라도 몸에 힘을 주면 변이 나왔다. 나는 변이 나오는 것이 느껴지지 않았기 때문에 냄새로 그것을 알게 되는 경우가 대부분이었다. 처음에는 창피함에 방에 돌아와서 울었지만, 나중에는 그런 실수를 두고 치료사 선생님들과 농담까지 주고받았다. 시간이 지나며 실수 빈도도 낮아졌다. 이전엔 기구를 통해 배출하던 소변을, 힘을 주어 스스로 배출하는 것이 가능해졌다. 기저귀가 아니라 화장실에서 처음 대변을 봤을 때는 같은 방 간병인들에게 박수를 받았다. 똥 쌌다고 박수받은 사람은 갓난아기 아니면 나밖에 없을 것이다.

엄청난 발전과 느린 회복 속도, 괜찮다 싶으면 터지는 새로운 문제들 속에서 매일 희망과 절망을 오갔다. 나는 계속해서 어디까지 좋아질지, 지금은 좋아지고 있는 게 맞는지 의문이 들고 스스로를 닦달했다. 게다가 장애를 갖게 된 것을 받아들여야 하면서도, 조금이라도 회복의 기미가 보일 때면 장애를 받아들이는 것이 오히려 더 힘들었다. 그랬던 내게 새로운 출발점이 된 것은 만화였다.

날갯짓이 몰고 온 토네이도

만화는 나에게 잊지 못할 경험들을 가져다줬다. 그림을 전공한 적도, 체계적으로 배운 적도 없는 내가 새로운 꿈을 갖게 됐다. 재활을 하며 내가 받는 운동 치료나 작업 치료, 병원에서 만난 환우들의 이야기를 일기로 쓰는 습관이 생겼다. 이걸 나처럼 예상치 못한 사고나 질병을 갑자기 겪는 사람들과 공유하면 어떨까? 비장애인일 땐 몰랐던 생소한 치료가 많다 보니 글보단 그림으로 그리면 이해도 쉬울 것 같았다. 처음엔 노트에 나를 닮은 캐릭터를 그리는 것으로 시작했다. 앞머리가 있는 단발에 웃는 얼굴이었다. 내 상황이 좋은 상황이 아니더라도 만화까지 우울하게 그리고 싶지는 않았다. 연두 캐릭터가 사고 이후 감정 변화를 겪고 신기한 재활 치료를 받는 만화를 그릴 때면 자유 시간이 훌쩍 지나갔다.

〈연두의 재활일기〉 연재의 시작은 우연히 내 노트를 본 치료사 선생님들께서 만화를 인스타그램에 올려 보라고 제안하면서부터였다. 업로드를 시작한 지 두 달쯤 지났을 때 주 2회 연재하는 패턴이 잡혔다. 다음 만화가 언제 올라오는지 궁금해하시는 분들도 생겼다. 갑작스럽게 진짜 웹툰 작가가 된 것 같아서 신기했고, 소재가 생길 때마다 메모해 두는 버릇이 생겼다. 안 하던 SNS를 하면서 나답지 않은 주책스러운 댓글을 달고 어색하기도 했다. '힘든 상황일 텐데 밝은 캐릭터로 그림을 그려 볼 때마다 기분이 좋아진다' 같은 댓글이 달리면 마음이 두둥실 떠올랐다.

어느 날 삼성물산 '하티스트'로부터 제품 홍보 문의가 왔다. 장애인, 비장애인 상관없이 모두가 입을 수 있는 옷을 제작하는 유니버설 의류 브랜드였다. 하티스트의 옷을 직접

입어 보고 만화에서 브랜드를 소개해 달라는 제안을 받았다. 보내 준 옷은 허리가 밴딩 처리된 청바지와 상체까지만 오는 트렌치코트였다. 손이 불편하신 분들을 위해 큰 고리로 지퍼를 올리고 내릴 수 있는 기능도 있었다. 한 브랜드를 홍보한다고 생각하니 부담됐지만 내겐 너무도 오랜만에 병원복이 아닌 일상복을 입을 수 있는 기회였다. 치료사 선생님들과 함께 촬영도 즐겁게 마치고 만화를 그렸다. 그러다 불과 2주 후, 파라스타엔터테인먼트라는 곳에서 연락이 왔다.

'소속사라니?' 처음에는 사기인 줄 알았다. 소속사는 연예인들만 계약하는 곳 아닌가. '내가 무슨 소속사야' 하는 생각부터 들었다. 그런데 처음 통화한 회사 대표님의 인상은 의외로 따뜻했다. 내 만화를 잘 보고 있다며 만화가 전형적이지 않아서 좋다고 하셨다. 이후로도 굿즈 제작이나 브랜드 홍보 만화 등 재활 치료를 받으면서 비대면으로도 가능한 작업들이 많을 것 같다는 연락을 주셨다. 계약을 결심할 당시, 우리 병원은 코로나로 인해 면회도 외출도 모두 금지였다. 대표님을 만나 계약하려면 병원 측에 거짓말을 해야 했다. 치과에 외진 간다는 핑계로 외출을 허락받은 뒤 삼엄한 경비를 뚫고 병원을 나왔다. 007 작전이 따로 없었다. 대표님을 만나 계약서에 지장을 찍는데, 살면서 그렇게 지장을 많이 찍어 본 경험은 처음이었다. 덜컥 겁부터 났지만, 왠지 좋은 일들이 시작될 거라는 예감이 있었다.

　얼마 지나지 않아 소속사를 통해 KBS 〈사랑의 가족〉 출연 제의를 받았다. 멘토와 함께 출연할 수 있단 말에 일러스트레이터 '빨간고래' 님을 말씀드렸다. 빨간고래 님의 그림들은 대부분 따뜻한 느낌을 주고 내가 추구하는 그림의 방향성과도 맞았다. 촬영을 위해 한 주간 퇴원해야 했지만 아깝지 않은 시간이었다. 내가 좋아하는 작가의 작품과 직접 작업하는 모습을 본 것도 큰 도움이 됐지만 무엇보다 내 그림의 피드백을 받는 소중한 기회였다. 움직임을 표현할 때 더욱 생동감 있게 그리는 법, 빈 공간을 활용해 배경을 채워 넣는 방법 등을 배웠다. 촬영 마지막 날엔 빨간고래 님이 주신 스케치북과 연필, 직접 쓴 베스트셀러 등 선물들을 주렁주렁 안고 병원으로 돌아왔다.

　재활 치료를 받는 틈틈이 바쁜 일정은 계속됐다. 한국척수장애인협회 정보소식지 《WHEEL》에서 정기적으로 만화를 연재하게 됐고, KBS 라디오 〈내일은 푸른하늘〉에서도 출연 제의가 왔다. 입원 중이라 전화로 방송해야 했는데 병원에서 조용한 공간을 찾기란 하늘에 별 따기였다. 간호부장님에게까지 문의해 빈 병실을 찾아다니며 라디오 방송을 했다. 하지만 그 외 모든 일정은 매일 같았다. 느린 치료 속도에도 지쳐 있었다. 내가 어느 단계까지 어떻게 좋아질지, 지금은 좋아지고 있는지 계속 질문이 생기는 것에 신물난 것도 한몫했다. 다시 얼른 사회로 나와 내가 잘할 수 있는 일을 하고 싶다는 결심으로, 나는 1년 반 만에 퇴원했다.

퇴원 후 첫 한 달은 지옥 같았다. 모든 시설이 환자 중심으로 만들어진 병원과 달리 집은 좁고 아무 시설도 없었다. 1년 넘게 병원 밥을 먹다가 갑자기 외부 음식을 먹으니 배변 문제는 더 심각해졌다. 실수를 하고 혼자 처리할 수 없어 엄마가 도와줘야 했는데, 서로 속상해서 엉엉 울기 일쑤였다. 엎친 데 덮친 격으로 평소 겪지 않던 강직과 욕창이 생겼고, 한밤중 혼자 화장실에 가다가 낙상을 겪는 등 멘탈이 무너질 수밖에 없는 일들이 나를 찾아왔다. 그러나 시간이 많은 걸 해결해 주더라. 퇴원 후 반 년이 지난 지금은 실수를 해도 가능하면 혼자 처리하려 한다. 일이 바빠도 중간에 꼭 운동하는 규칙을 세웠고, 음식을 가려 먹으려고도 노력한다. 힘든 상황에서 잠시 주춤했던 만화도 다시 열심히 그리고 있다.

인스타그램에 연재하던 만화의 제목은 〈연두의 재활일기〉에서 〈연두툰〉으로 바꼈다. 재활하는 장애인의 시선뿐 아니라 이제는 장애인이 아니라도 일상에서 겪는 에피소드들을 담고 싶었다. 최근엔 '케어네이션'이라는 환자-간병인 매칭 플랫폼을 소개하는 만화를 그리고 있다. 재활 당시 나는 간병인을 어디서 구해야 할지도 몰랐고, 물어물어 간병인을 어렵게 구해도 기간이나 금액을 맞추는 것이 곤란했다. 더구나 우리나라에서 간병비는 대부분 현금으로만 지불할 수 있다. 입원 기간 내내 간병인을 통해 모든 생활이 이루어졌던 나로선 내 만화를 통해 그 시스템이 조금은 바뀌었으면 좋겠다는 생각이다. 아직은 욕심이지만 '연두' 캐릭터를 이용해 다양한 굿즈를 파는 스마트 스토어를 오픈하고, 그동안 그린 〈연두의 재활일기〉를 모아 책으로도 내고 싶다.

만화를 시작하지 않았더라면 아직 병원에서 빡빡한 재활 시간표에 따라 움직였을 내가 사회로 돌아와 많은 일들을 하고 있다. 지난 1년 3개월간 좋은 일들이 생길 때마다 설레고 신나면서도 한편으로는 겁부터 나고 얼떨떨하다. '나에게 왜 이런 일이?'라는 생각에 때론 내게 맞지 않는 옷을 입고 있는 기분도 들지만 기분 좋은 어색함이다. 처음엔 작게 시작한 나의 날갯짓이 내 삶에 바람 정도가 아니라 토네이도를 몰고 왔다.

삶의 전환점일 필요는 없다

퇴원 후 또 다른 변화가 있다. 나를 보는 사람들의 시선이다. 장애에 대한 사람들의 인식이 부정적이라는 걸 병원에 있을 땐 느끼지 못했다. 거리에서 나를 위아래로 훑어보거나, 내가 완전히 시야에서 사라질 때까지 계속해서 쳐다보는 분들도 있다. 쫓아오면서 "젊은 사람이 어쩌다 그렇게 됐대" 하시는 분들도 많았다.

장애를 나쁘게만 묘사하고 싶진 않다. 최근엔 한국장애인개발원 장애 인식 개선 교육 강사로도 지원했다. 함께 선발된 강사분들 중 비장애인도 많은 것을 보며 장애와 직접적으로 관련이 없음에도 관심을 갖는 이들이 많다는 게 든든했다. 처음 〈연두의 재활일기〉를 그릴 때 내가 처한 상황을 마냥 부정적으로만 그리고 싶지 않았던 것처럼, 후천적으로 장애를 갖게 된 사람이 새롭게 맞닥뜨린 세계를 보여 주고 싶다.

장애를 갖게 된 계기는 사람마다 의미가 있을 수도, 없을 수도 있다. 장애가 반드시 인생의 전환점이 되어야 하는 것도 아니다. 하지만 적어도 나에겐 인생의 전환점이 됐다. 후천적으로 장애가 생긴 많은 분들이, 생을 마감하고 싶다는 생각을 사고 후 제일 처음 한다는 얘길 들은 적 있다. 나도 장애를 얻은 뒤 부정하고 싶을 때가 많았다. 일은 다시 할 수 있을지, 사회에 복귀할 수 있을지 고민했다. 장애가 생긴 후 생활에 불편함이 많아진 것도 사실이다. 간단한 일도 혼자 할 수 없어 괜한 서러움에 울 때도 많다. 그럼에도 내 상황을 마냥 부정적으로 볼 수 없는 것은, 생각지도 못했던 일과 기회가 정말 많이 주어졌고, 아이러니하게도 일상 속 정말 작은 감사함을 발견할 줄 아는 눈이 생겼기 때문이다.

"장애를 참 빨리 받아들이셨네요?"라는 말을 많이 듣는다. 하지만 나는 아직도 장애를 받아들이지 못했다. 내 장애를 완벽히 안다고 생각하지도 않는다. 또 앞으로 어떤 일들이 생길지 잘 모르겠다. 그래서 앞으로도 계속 장애를 이해하고 익숙해지기 위해 부단히 애를 쓸 것 같다. 내가 이 글을 쓰게 된 것은 현재의 내가 엄청난 사람이기 때문이 아니라 나와 비슷한 상황에 있을 누군가를 위해, 그리고 또 나 스스로를 위해서다. 앞으로 보여 줄 작품이 훨씬 많다. 아직 많은 것이 부족하고 미숙한 나이 서른하나다.

ⓒ일러스트: 고연수

고아라는 발레리나이자 모델이다. 어릴 적 고열로 청각이 소실된 뒤, 작은 입 모양에 집중하는 학교 수업보다 동작이 큰 발레에 흥미를 느꼈다. 서울 덕원 예술고등학교에서 발레를 배우고 경희대학교 및 동 대학원 무용과를 졸업했다. 한국발레협회, 전국장애인체전 개막식 등에서 다수 공연 경력이 있으며 2018 평창 동계패럴림픽 폐막식 공연 〈우리가 세상을 움직인다 : 꽃이 된 그대〉에서 주역을 맡았다.

고아라에게 모국어는 세 가지다. 말로 하는 한국어, 손으로 표현하는 수어, 몸으로 보여 주는 발레. 소통에서 중요한 것은 완벽한 문법이 아닌 각자의 개성과 진심이라고 생각한다. 현재 프리랜서로서 발레뿐 아니라 현대 무용, 컨템포러리 댄스 등 다양한 분야에서 작품 활동을 이어 가고 있다. 장애인 예술가와 비장애인 예술가가 동등하게 활동할 수 있는 사회를 만들고자 고민한다.

7 고아라 ; 내게 정착한
세 가지 모국어

몸집이 큰 언어

어릴 적 나는 무용 학원 봉고차가 집 앞으로 오는 시간만을 기다렸다. 서예, 피아노, 컴퓨터, 속셈 등 안 다녀 본 학원이 없는데 그중 유일하게 무용 학원 가는 날을 기다렸다. 어머니 손에 이끌려 처음 학원에 간 날, 나는 어머니와 원장 선생님이 나누는 이야기는 한 귀로 흘린 채 한 면이 전부 거울로 된 벽과 마룻바닥만 신기한 듯 구경했다.

한국 무용과 발레 둘 다 배울 수 있는 학원이었다. 귀가 들리지 않는 내겐 국악의 장구 소리가 진동처럼 명확하게 들려 따라 하기 수월했지만, 한국 무용보다 발레가 훨씬 예뻐 보였다. 우산 모양의 하늘하늘한 옷을 입고 발끝으로 날아다니듯 춤을 추는 것이 마치 동화 속 한 장면 같았다.

또 발레는 공부보다 쉬웠다. 특수 학교 유치원에서 청각 장애가 있는 친구들과 같은 속도로 말하던 나는, 일곱 살 때 일반 유치원으로 옮기며 처음으로 '장애'라는 단어를 알게 됐다. 새로운 환경에서 만난 친구들은 나보다 말하는 속도가 훨씬 빨랐다. '~ㄴ데', '~써어'와 같은 말의 어미나 조사만 들리기 시작했고 정작 중요한 단어는 잘 들리지 않았다. 사람의 입 모양을 관찰해 가며 공부해야 했던 내게, 커다란 몸동작을 따라 하는 발레는 이해하기 쉬운 언어였다.

하지만 강원도 시골의 무용 학원에서 발레를 제대로 배

웠을 리가 없다. 특히 몸의 뼈와 근육을 인위적으로 돌리는 고난이도 기술들을 말이다. 당시 동네에서도 나름 크고 유명한 학원을 찾아간 것이지만, 그때까지만 해도 나는 발레 기술에 대한 아무런 지식 없이 그저 유연성만 기르면 다인 줄 알았다.

열네 살, 하루는 어머니가 잡지에서 모스크바 국립 발레 학교(구 볼쇼이 발레 학교)에 객원 교수로 계시던 한 교수님의 인터뷰를 보셨다. 그분은 대한민국의 1세대 발레리노로서 명망 높은 유니버설 발레단 출신에 당시 러시아 발레 학교 교수로도 위촉되신 분이었다. 인터뷰엔 러시아 발레 학교에 연수를 다녀올 학생을 모집한다는 내용도 있었다.

개천에서 난 자식을 잘 키워 보겠다는 마음인지 어머니는 내게 그 교수님을 만나러 가자고 하셨다. 어머니는 내가 세 살일 때부터 나를 데리고 서울과 원주를 오가며 구화 교육을 시킬 정도의 강단이 있는 분이었다. 이번에도 교수님을 뵙기 위해 서울 기행 한 번쯤은 그리 어렵지 않으리라 생각했을 것이다. 그러나 강남이라는 곳은 서울 시내 중에서도 가장 복잡하기로 손꼽는 곳 아닌가. 어머니는 무더운 여름날 찰옥수수 한 박스를 들고 어린 딸과 함께 강남 한복판을 30분간 헤맨 끝에 교수님을 만날 수 있었다.

손가락 서너 마디 길이의 까만 수염과 달리 머리카락 한 올 보이지 않게 깔끔하게 넘긴 머리. 한없이 온화한 인상의 교수님께서 로비에 나와 우리를 맞이해 주셨다. 그는 자신이 갖고 있던 책이라며 내게 러시아 발레 잡지 한 권을 건네주셨다. 오페라 〈카르멘〉의 붉은 의상을 입고 머리에 장미꽃을 단 외국인 발레리나가 실린 표지는 아직도 내 머릿속에 선명하다.

나는 교수님의 지도하에 열 명의 학생들과 함께 연수에 참가하게 됐다. 한국과 러시아 수교 이래 최초로 우리나라 학생들이 러시아로 가서 2주간 연수에 참여하는 프로그램이었다. 겨울 방학 연수 기간이 다가오는 내내 내 마음은 이미 러시아에 있었다. 그렇게 고대하던 출국일, 장장 9시간을 날아 러시아 발레 학교에 도착한 나는 로비에 걸린 졸업생들의 사진에 압도당했다. 사진 속 발레리나들은 6시 정각 시계 모양으로 한쪽 발은 토슈즈 끝으로 서고, 다른 발은 높게 쳐들고 있었다. 그러고서 한 손에는 탬버린을 들고 완벽한 균형을 잡고 있던 모습에 나는 단 한 장의 사진만으로도 노력과 열정의 위압감을 느꼈다.

2주의 짧은 기간이었지만 러시아에서의 경험은 신선한 충격과 동시에 부끄러움을 안겨 주었다. 러시아 타 지역과 해외 각국에서 유학 온 학생들과 함께 연습했다. 수준 높은 실력은 물론 수업 전후로 자발적으로 훈련하는 모습, 사소한 걸음걸이까지 다르던 학생들에게선 존재 자체만으로도 아우라가

느껴졌다. 발레를 시작한 지 무려 8년이 지나서야 내가 알던 발레는 진짜 발레가 아니었음을 깨달았다.

한국에 돌아온 뒤 어머니는 내게 예술 고등학교 진학을 제안하셨다. 나 또한 제대로 발레를 배우고 싶던 욕심에 1초의 고민도 없이 그러고 싶다고 했다. 마침 교수님께서 서울에 모스크바 국립 발레 학교의 분교를 열어, 어머니는 주말마다 나를 서울로 레슨을 보내 주셨다. 그곳에서 나는 러시아인 선생님을 만나 발레를 처음부터 다시 배웠다. 발레 기술의 기본이 되는 속 근육 '코어'를 키우는 법도 처음 배웠다. 하루에 레슨을 두 번 받는 날도 있었다. 실기 시험이 가까워지는 동안 나는 거의 서울에 살다시피 하며 연습한 결과 간신히 예술 고등학교에 진학할 수 있었다.

눈으로 듣고 마음으로 읽다

주변 사람들은 나를 보며 "고아라는 꿈꾸는 대로 이루어질 사람"이라고 얘기했다. 청각 장애를 가진 아이가 발레를 하겠다며 시골에서 서울까지 간 것에 대한 기대가 컸기 때문이다. 하지만 서울 생활은 만만치 않았다. 단체 실기 시간에는 친구들의 동작을 보며 따라 할 수 있었으나 개인 레슨 때는 선생님과 얼굴을 가까이 마주하고 막힘 없이 대화해야 했다. 입시철에는 스트레스가 더 컸다. 장애인은 수능의 경우 특별 전형으로 국어, 외국어 영역에서 대본을 받아 시험을 치를 수 있지만 발레 실기의 경우 특별 전형이 없기 때문이다. 대부분의 대학 예체능 입시는 일반 전형으로만 지원할 수 있었다.

산 넘어 산이라고, 대학에 가니 스스로 해결할 것들이 더 많아졌다. 2007년 대학 무용과에 입학했을 당시 갓 생긴 학내 장애학생지원센터는 지금만큼 통역 지원 제도가 잘 갖춰져 있지 않았다. 그래서 나는 가장 먼저 강의실에 도착해 맨 앞자리에 앉고, 수업이 끝난 뒤에도 강의 내용 중 듣지 못한 부분을 교수님께 따로 질문하는 학생이었다.

대학 2학년이 되며 학교 발레단에서 주역의 기회가 찾아왔다. 주변 사람들은 물론 나 스스로도 의아했다. 몇 해 전까지만 해도 실력이 아닌 나이와 학번 순으로 주역이나 솔리스트 역할을 선발하는 관습이 당연했기 때문이다. 그러나 주역을 맡게 된 기쁨은 잠깐, 커다란 문제가 생겼다. 이제까진 다 같이 춤을 춰왔기 때문에 옆 사람의 눈치를 보며 동작을 맞추는 게 어렵지 않았다. 그런데 주역은 춤을 혼자서 추는 것은 물론, 음악도 혼자 들어야 했던 것이다.

들을 수는 없어도 볼 수 있지 않을까? 음악 편집 프로그램을 다운로드해서 스크린에 뜨는 음악의 속도와 박자를 눈으로 익혔다. 눈을 감고도 머릿속으로 음악을 따라갈 수 있는지 스스로 시험해 봤다. 4분 길이의 음악에 처음부터 끝까지 안무를 맞추고 익숙해지는 데 무려 3개월이 걸렸다.

그만큼 꿈을 위해 포기한 것이 많았다. 친구들끼리 맛있는 것을 사먹고 쇼핑을 다니는 시간보다 학교에서 보내는 시간이 많았다. 주변 사람들의 관심과 기대에 부응해야 한다는 부담으로 이미지 관리에 급급했다. 졸업 시기가 다가왔을 때 결국 내가 택한 곳은 대학원이었다. 학업을 연장하라는 교수님의 권유도 있었지만, 무엇보다 대학을 나오면 내가 어떤 일을 할 수 있을지 확신이 서지 않았던 이유가 컸다.

대학원으로 가며 조금씩 어긋났다. 외부 활동을 하려 할 때마다 교수님께 거절당하기 십상이었고, 강사분들의 비위를 맞추기도 어려웠다. 이게 과연 내가 원하던 방향이었는지 회의감이 들었고 세상이 벅차게 느껴졌다. 결국 슬럼프가 찾아왔다. 불안한 마음을 안고 대학원 졸업 논문을 쓰는 내내 도망칠 곳을 찾았다. 논문 심사를 앞두면서 가벼운 공황 장애와 우울증이 찾아왔다. 이즈음엔 오히려 소리가 잘 들리지 않는다는 제약보다도 내가 처한 상황을 잘 버텨낼 수 없다는 불안감이 컸다.

그때 나의 플랜 B는 몽골이었다. 청각 장애인 미인 대회 미스 데프 코리아Miss Deaf Korea에서 만난 한 친구가 몽골에 살고 있었다. 영상 통화에서 '몽골로 오라'는 그의 손짓 하나에 마음이 흔들렸다. 논문 심사를 통과한 즉시 나는 아무 계획도 세우지 않고 옷가지만 챙겨 무작정 몽골로 2000킬로미터를 날아갔다. 어디를 가고 무엇을 먹는 것은 나중의 일이었다. 그저 내가 달려온 길로부터 아주 멀리 떨어지고 싶은 마음뿐이었다.

오프로드, 몽골로

기대했던 청명한 이미지와 달리 몽골의 첫인상은 스산한 잿빛이었다. '칭기즈 칸 공항'이라는 거창한 이름에 걸맞지 않게 내가 도착한 낡고 한산한 공항의 크기는 버스 터미널만 했다. 영상 통화로만 얘기를 나누던 몽골인 친구가 마중 나와 있었고, 나는 친구의 집에 머무르기로 한 참이었다. 친구의 가족이 모는 차에 몸을 싣고 아침부터 해 질 녘까지 어디로 가는지도 모르고 종일 달렸다. 어차피 아무도 나를 찾지 못하고 연락이 닿지 않는 곳이었다.

몽골인의 머릿속에는 GPS가 달렸을까? 도시를 벗어나며 바라본 차창 밖으론 뿌연 안개와 연기가 마구 뒤섞여 날리는데도 친구의 가족은 능숙하게 차를 몰았다. 어설프게 포장된 아스팔트 도로가 끊기고 모래 먼지 속으로 들어서며 나는 오프로드가 시작되리라 예감했다.

몽골 대제국을 세운 칭기즈 칸의 고향인 헨티 아이막 Khenti aimag을 거쳐, 가장 먼저 다다른 곳은 칭기즈 칸이 왕으로

추대된 신성지 후흐 노르Khukh Lake였다. 모든 곳이 손에 잡힐 듯 가까워 보여도 걷다 보면 멀리 있었다. 높은 건물이 빽빽이 들어선 한국이 오히려 이질적인 풍경처럼 느껴질 정도로 이곳은 겪어 본 적 없는 세상이었다. 누군가 나를 끌고 한참을 돌아다니다 지구의 민머리 한가운데에 던져 놓은 것 같았다.

첫 며칠은 '이래도 되나?' 싶을 정도로 몽골과 나 사이에 어색함이 감돌았다. 마치 시간이 멈춘 듯 고요했다. 몇 시인지도 모른 채 해가 뜨고 지는 풍경을 보며 아무런 할 일이 없다는 게 행복할 수 있다는 것을 그때 처음 알았다. 그만큼 시간으로부터 멀어진 적도 처음이었다. 함께 지내는 몽골인들로부터 몽골의 사회주의 혁명, 급격한 도시화에 대한 역사를 전해 들었으나 그보다 나를 감명시킨 건 그들 생활에 배어 있던 안온함이었다. 시큼한 아롤²과 아이락³ 삭는 냄새가 좋았고 물이 귀한 초원에서 물을 길으러 멀리까지 이동하는 과정은 그 자체로 평화로웠다.

잠깐의 몽골 생활은 한국에 돌아온 이후 내 삶의 방식을 완전히 바꿔 놓았다. 어차피 감당치 못할 것은 내려놓고, 무리한 요구를 거절하는 법도 터득하며 나름의 안식년을 즐겼다. 시간이 약이었는지 나를 찾아 주는 사람들이 조금씩 늘기 시작했고, 마음의 여유가 생긴 덕에 이전처럼 부담스럽지 않게 공연 제안에 응했다. 2018 평창 동계패럴림픽이 다가올

즈음, 폐막식 공연의 주역으로 서달라는 섭외까지 들어왔다. 연락이 올 거라곤 꿈도 꾸지 못했다. 제안받은 공연은 '꽃'을 주제로 한 무대였다. 60명의 무용수와 50명의 오케스트라 연주자들이 호흡을 맞추는 큰 무대였고 무엇보다 모든 음악과 의상, 조명이 나를 중심으로 관객 앞에 서는 기회였다. 나는 장애와 비장애를 포함한 모든 경계를 허무는 꽃이자 세상을 움직이는 역할을 맡았다. 그저 TV에 나오는 홍보 무대를 볼 때마다 '나도 저런 무대에 한번 서봤으면 좋겠다'는 생각을 하던 무대에, 내가 주역이 되어 폐막식 공연을 마무리했다.

랑그와 파롤의 새로운 규칙

부끄러운 이야기지만 나는 어릴 때까지만 해도 수어가 동물들이나 나누는 야만적인 대화라고 생각했다. 대학원 시절 출전한 미스 데프 월드Miss Deaf World[4]에서 외국 농인 친구들과 교류하며 처음으로 국제 수어를 배웠다. 이후 한국에 돌아왔을 때, 한 지인으로부터 "너가 아무리 말을 잘해도 언젠간 수어도 네게 필요한 언어가 될 거야"라는 말을 들었다. 틀린 말은 아니었다. 아무리 기술과 인터넷이 발달하고 보청기나 인공와우만으로 발화가 가능하다 해도 대화의 어려움을 100퍼센트 해결해 주지 않는다. 그 불편을 해결하기 위해 문자 통역과 시각적인 수어가 필요했다. 반오십이 넘은 후에야 나는 손으로도 말하는 법을 배우기 시작했다.

2016년, 수어로 대화할 수준이 됐을 때였다. 수어를 권유했던 지인의 추천으로 여러 농인이 함께 스쿠버 다이빙을 배우는 프로그램에 참여했다. 다이빙 풀에서 기본 기술에 익숙해질 때쯤 진짜 바닷속으로 들어가게 됐다. 바닷속에서는 음성 언어가 불가능한 대신 수어로 소통이 가능했다. 비장애인들은 스쿠버 다이빙에서 몇 가지 수신호를 주로 사용한다. 하지만 수어는 차원이 달랐다. 본인의 안전이나 감정은 기본이요, 아름다운 풍경을 감상하며 수다 수준의 이야기까지 나눌 수 있는 것이다. 수면 위에선 농인만의 언어인 수어가 물속에 들어가면 장애인, 비장애인 할 것 없이 함께 사용하는 언어였다. 환경에 따라 언어의 주류와 비주류의 경계는 그렇게 쉽게 깨질 수 있다는 것을 부지불식간에 깨달았다.

수어에 익숙해지며 정체성의 혼란이 찾아왔다. 나는 농인인가 난청인인가?[5] 음성 언어를 쓰기도 하니 비장애인 아닐까? 또 나의 모국어는 무엇일까. 한국 음성 언어일까, 20년 넘게 나를 표현해 온 춤일까, 아니면 제일 늦게 배운 수어일까? 내 안에서 세 가지 언어가 충돌하기 시작했다. 늑대 무리에서 발견된 아이가 사회로 이끌려 나와서도 여전히 늑대처럼 행동하며 평생 문명의 말을 배우지 못했다는 이야기처럼, 나도 '평생 어느 한 언어도 완전히 익히지 못한 채 세 가지 언어를 불완전하게 구사하며 살아가진 않을까'라는 불안감이 들었다.

그런 나를 위로해 준 건 소쉬르의 언어 이론이었다. 언어학자 소쉬르Ferdinand de Saussure는 언어를 랑그와 파롤로 나누었다. 랑그Langue는 추상적인 언어 체계로, 문법과 같이 우리가 말을 하거나 글을 쓸 때 여러 사람 사이에서 약속된 것이다. 반면 파롤Parol은 구체적인 발화이자 개인의 언술이다. 우리가 입 밖으로 소리 내어 말할 때, 목소리나 억양 등 개인마다 다르게 나타나는 발화를 파롤이라 한다. 나는 청력의 소실이 많지 않은 청인으로 비장애인의 랑그를 배우며 자랐다. 하지만 그 속에서 나만의 규칙들이 점차 침범을 만들어 냈다. 그게 춤이나 몸짓, 늦게나마 배운 수어와 같은 나만의 파롤이고 오히려 내가 발레에서 가진 큰 장점이었다. 그렇게 생각하니 정체성에 대한 고민, '다른 사람들이 쓰는 말을 완전히 배우는 건 영원히 불가능할까'와 같은 고민은 필요 없어졌다.

대신 내가 가진 언어가 어떤 새로운 꿈과 연결될지 고민한다. 한 공영 방송국 라디오에 게스트로 참여했을 때, 담당 PD가 "장애인 관련 프로그램을 10년 넘게 맡아 왔음에도 불구하고 나처럼 구화를 하는 청각 장애인은 처음"이라고 했다. 청각 장애인이 수어로만 대화할 거라고 생각하는 비장애인의 인식이 내겐 충격적이었다. 그때부터 여러 기관에 강연을 나서기 시작하고, 청각 장애인 학생들의 진로 고민을 돕는 멘토

링 프로그램도 참여했다. 언젠가는 장애인 예술계 단체를 만들어, 창작 활동을 하는 장애인들이 사회에 나갈 기회를 직접 만드는 CEO가 되겠다는 결심도 했다.

최근엔 지휘 인지 장치 '버즈비트'를 사용해 공연했다. 버즈비트는 원래 지휘자의 모습을 볼 수 없는 시각 장애인 연주자를 위한 것으로, 지휘자가 팔을 움직일 때 지휘봉에서 나오는 동작을 감지해 진동하는 장치다. 내가 참여한 프로젝트는 청각 장애인을 위한 기술을 추가한 버즈비트를 손목에 착용하고 공연하는 것이었다. 비록 아직은 지휘자의 몸짓에 의존한 장치이지만, 기술이 발달한다면 지휘자 없이 음악에 맞는 진동을 느끼며 마음 편히 연습할 날도 올 것이다.

나는 꿈을 세 가지로 생각한다. 되고 싶다, 하고 싶다, 돼야 한다. '되고 싶다'는 건 막연한 바람이다. 누구나 어릴 적 커서 무엇이 되고 싶다고 상상할 수 있다. '하고 싶다'는 그보단 구체적인 행동이 드러나는 의지다. 하지만 정말로 그 꿈을 이루고자 마음먹으면 내가 생각하는 바로 그 사람이 '돼야 한다'는 부담감이 생긴다. 나는 발레에 있어서는 세 가지 꿈을 이미 이뤘다. 그래서 이젠 다른 꿈을 고민한다. 나는 앞으로 발레리나 말고 무엇이 되고 싶고 어떤 일을 하고 싶으며 어떤 사람이 되어야 할까. 사회적 랑그를 유연하게 넘나들며 나의 세 가지 파롤을 가장 잘 전하는 일을 하고 싶다.

주

1 _ 혼자 거동이 불편한 사람을 위해 제작된 일종의 보행 보조기.

2 _ 우유를 끓일 때 위에 뜬 기름을 걷어 굳히고 남은 우유를 다시 끓여 만든 몽골식 간식.

3 _ 말의 젖을 발효시켜 만든 마유주의 일종.

4 _ 청각 장애인 비영리 단체 미스 앤 미스터 데프 월드(Miss and Mister Deaf World)가 주관하는 세계 청각 장애인 미인 대회.

5 _ 청각 장애인은 흔히 농인과 난청인으로 나뉜다. 농인의 사전적 의미는 청력이 거의 손실된 사람이다. 난청인의 사전적 의미는 귀만으로 말을 듣고 이해하는 것이 불가능하지는 않지만 어려움을 겪는 사람이다. 그러나 농인 세계에선 '청각 장애' 등 장애를 포함하는 차별적인 언어 사용은 지양한다. 따라서 대다수의 농인은 수어라는 고유한 언어 체계를 갖고 있다는 점에서 스스로를 '농인'이라 지칭하고, 음성 언어를 쓰는 사람들을 '구화인'이라 부른다.

북저널리즘 인사이드   길은 걸을수록
                         넓어진다

지난해 말 시각 장애인에게만 안마사 자격을 부여하는 의료법이 헌법에 어긋나지 않는다는 헌법재판소 결정이 나왔다. 2008년 첫 판정 이후 다섯 번째 합헌 결정이다. 헌법재판소는 "시각 장애인 안마사 제도는 시각 장애인 생존권 보장을 위한 불가피한 선택"이라는 입장을 밝혔다.

안도하는 한편 착잡했다. 안마라는 일에 매력을 느껴 업으로 택한 시각 장애인이 많지 않으리라는 생각 때문이었다. 해당 의료법이 비장애인의 직업 선택의 자유를 침해한다는 여론은 늘상 제기되지만 그렇다고 장애인의 직업 선택의 자유를 지원하는 법이라 속 편히 말하기도 어렵다. '안마는 시각 장애인만 할 수 있다'는 명제는 '시각 장애인은 안마사로 일하면 된다'는 명제로 곧잘 치환되고 논의는 끝난다. 우리는 소수자에게 제한된 권리를 쥐여 준 뒤, 그들이 그 이상의 것을 바랄 경우 쉽게 놀란다.

일자리를 찾는 대다수의 장애인은 특정 전형으로 공공기관이나 기업에 취직해 단순·반복 업무를 맡는다. 최근엔 장애인을 고용해 사회적 가치를 창출하는 기업들이 이례적으로 늘고 있다. 취지와 이미지만큼이나 성과도 좋다. 그러나 장애인이 주도권을 잡고 일하거나 기업의 목표와 운영에 참여하는 경우는 흔치 않다. 그들의 이야기는 주로 비장애인 CEO가 대변한다. 장애 유형에 따라 선택할 수 있는 직업의 폭이 매우 제한적이지만 그것만으로도 충분한 기회를 제공하고 있다는 안심은 손쉬운 호의를 선호하는 우리 사회의 아픈 부분이다.

원하는 일을 하고 싶은 것은 누구에게도 사치가 아님을 말하는 일곱 명의 장애인 아티스트가 모였다. 현재의 일을 선택한 계기와 앞으로 가고 싶은 길을 작가 본인이 직접 집필했다. 사회복지사가 될 뻔한 김종욱은 휠체어 모델이라는 전례 없는 분야를 열고 있다. 모델 이찬호는 피부의 절반 이상이 상처이지만 몸을 가장 많이 움직이는 일을 택했다. 비보이 김완혁은 7년간 홍보, 디자인, 영상 제작 등 다양한 업무를 겸하다 프리랜서 비보이의 길로 접어들었다. 영화를 이론으로 배운 적 없는 영화감독 김종민은 충무로 영화판의 첫 장애인으로 작품 활동을 이어 가고 있다. 고등학교 졸업 후 공장에서 제품을 검수하던 서영채는 다시 모델의 길로 돌아왔다. 웹툰 작가 고연수는 사고도, 장애도, 우연히 시작한 만화의 인기에도 여전히 적응 중이다. 어릴 적부터 키워 온 발레리나의 꿈을 이룬 고아라는 이젠 예술인 너머 경영인의 삶을 바라본다.

임플로이employee가 아닌 워커worker를 고민하는 시대다. 주어진 일이 아닌, 나에게 잘 맞는 일을 하려는 사람이 늘고 있다. 누군가의 고민은 나의 적성과 능력의 테두리 안에서 이루어지지만, 누군가의 고민은 그 이상의 의지와 결심을 담보

한다. 일곱 명의 이야기가 모든 장애인을 대표하진 않는다. 그들 안에서도 장애를 얻은 계기와 시점에 따라 각자 장애를 이해하고 표현하는 방식이 달랐다. 모든 장애인이 사회에 나와 일해야 하는 것도, 목소리를 내야 하는 것도 아니다. 국내 장애인 인구 260만 명의 수많은 표본 중 하나일 뿐이다. 다만 가보지 않은 길은 누군가 걸을 때 넓어진다. 내가 더 좋아하고 잘할 수 있는 일을 찾아 나서는 여정은 비장애인만의 특권이 아니다. 일하고 싶은 누구나 품고 싶은 꿈이다.

이다혜 에디터